Living A Prayerful Life

LIVING A PRAYERFUL LIFE

Copyright©1983 by Andrew Murray
Originally Published in English under the title
LIVING A PRAYERFUL LIFE published by Bethany House Publishers
All rights reserved.

Korean edition ⓒ 2003, 2008, 2012, 2023 by Precept Ministries Korea
8-1, Cheongnyongmaeul-gil, Seocho-gu, Seoul, Korea

PRECEPT CLASSIC ❺

앤드류 머레이의
하늘문을 여는 기도

앤드류 머레이 지음 | 임종원 옮김

묵상하는사람들
프리셉트

Contents

서문

추천사

1부: 기도 생활

1. 기도하지 않는 죄	*16*
2. 기도하지 않는 이유	*26*
3. 먼저 주님과의 관계를 점검하라!	*40*
4. 성령님의 도우심을 간구하는 기도	*48*
5. 지속적으로 기도하려면	*56*
6. 지속적인 기도의 유익	*64*
7. 삶을 풍성하게 하는 기도	*72*
8. 예수님의 기도	*82*
9. 성령의 간구	*92*
10. 죄의 유혹	*102*
11. 하나님의 거룩하심	*108*
12. 응답받는 기도	*118*
13. 승리하는 삶	*128*

2부: 기도의 골방

14. 개인적인 기도를 위한 권면　　　　　　*142*
15. 바울의 기도　　　　　　　　　　　　　*150*
16. 영의 직분　　　　　　　　　　　　　　*162*
17. 말씀 선포와 기도　　　　　　　　　　*170*
18. 전심으로 하나님을 찾을 때　　　　　*174*
19. 기도, 하나님과 함께하는 시간　　　　*178*
20. 삼위일체 하나님의 사역　　　　　　　*184*
21. 기도와 삶　　　　　　　　　　　　　　*188*
22. 육신에 속한 사람, 영에 속한 사람　　*194*
23. 기도의 사람들　　　　　　　　　　　　*198*
24. 기도의 골방　　　　　　　　　　　　　*206*

3부: 오순절 십자가의 비밀

25. 십자가의 기도　　　　　　　　　　　　*216*
26. 우리가 보여야 할 십자가의 정신　　　*224*
27. 그리스도와 함께 십자가에 못 박힌 우리　*230*
28. 성령과 십자가　　　　　　　　　　　　*236*
29. 세상을 이기는 십자가의 능력　　　　　*244*
30. 하늘의 비밀을 여는 열쇠, 십자가　　　*250*
31. 예수님의 십자가　　　　　　　　　　　*256*

에필로그

서문

본서는 남아프리카공화국의 스텔렌보쉬에서 열린 교역자 협의회에서 다룬 내용을 기초로 하고 있다. 어느 날 네덜란드 개혁신학교의 드 보스(de Vos) 교수가 교회의 피폐한 영적 상태에 대해 우려하는 편지를 우리 교단의 목사들에게 발송하였다. 이에 교역자들이 교회의 현실을 진단하고, 그 결과를 정리하여 「교회의 상태」(The state of the church)에서 오늘날 교회의 영적 능력이 결핍된 실상을 밝혔는데, 이 내용은 많은 사람들의 반향을 일으켰다. 그 내용에 공감한 드 보스 교수는 우리에게 함께 모여 현대 교회가 영적 능력을 상실한 원인을 규명하자고 제안하였다. 그와 뜻을 함께하는 신학 교수 4명과 200명이 넘는 목사, 선교사, 신학생들이 한자리에 모였다. 처음에는 교회의 회개와 회복만을 강조했으나, 마침내 교회를 약화시키는 죄에 대한 논의가 이어졌다. 참석자들은 행함이 없는 믿음, 흔들리는 정통 교리, 신령과 진정으로 드리지 않는 예배 등을 지적하였으나 그것이 올바른 규명이 아님을 곧 깨달게 되었다. 사실 우리는 각자 자신의 죄가 무엇인지 깨닫고 회개해야 했던 것이다. 성령은 기도하지 않는 우리의 모습이야말로 죄 문제의 근본 원인임을 깨닫게 해 주셨다. 기도하지 않는 죄를 짓지 않았다고 주장할 수 있는 사람은 아무도 없다. 목사든 평신도든 영적으로 불완전한 삶의 원인은 모두 기도와 믿음이 부족한 탓이다. 기도는 영의 호흡이므로 누구든 기도를 통하여 하늘의 복과 능력을 받을 수 있다. 그러므로 기도하지 않는 것은 능력 있는 삶, 풍성한 삶을 근원적으로 차단하는 것이다.

그렇다면 지금까지 우리의 기도 생활을 방해한 모든 요소를 한꺼번에 극복할 수 있는가? 전체 모임에 앞서 가진 소그룹별 모임에서 많은 사람들은 새로운 시작을 열망하지만 "쉬지 말고 기도하라"는 하나님의 말씀에 철저히 순종할 수 있을지 회의가 든다고 했다. 우리는 그동안 쉬지 않고 기도하는 것이 불가능하다고 여겼으므로 감히 기도하지 않는 죄를 범하지 않겠다고 주님께 서약하지 못했다. 결국 우리는 주님과 새로운 관계를 형성해야 새로운 기도 생활을 위한 능력을 얻을 수 있음을 깨달았다. 주님이 죄, 심지어 기도하지 않는 죄에서 우리를 구원하시는 분임을 믿을 때 그분과 더욱 친밀한 삶을 누릴 수 있다. 주님의 사랑 안에 거하는 삶과 그분과의 친교를 통해 기도가 우리 내적 삶의 자연스러운 표현이 된다. 교역자 협의회를 마치고 헤어지기 전에 많은 사람들이 예수 그리스도 안에서 새로운 기도 생활을 위한 능력을 발견하였으므로 새 희망을 갖게 되었다고 간증하였다. 그러나 기도에 관한 한 오랫동안 우위를 점하고 있는 사탄은 우리가 육신과 세상 권세에 굴복하도록 다시금 온갖 공격을 감행할 것이다. 그리스도의 가르침과 주님과의 동행만이 사탄의 공격에 맞서 끝까지 믿음을 지킬 수 있는 비결이다.

협의회의 참석자들에게 '쉬지 말고 기도하는 삶'이야말로 성공적인 목회의 관건임을 상기시키기 위해 협의회에서 다룬 내용을 책자로 엮을 필요성이 느껴졌다. 그리고 비록 협의회에 참석하지 못하였지만 많은 교역자들이 한자리에 모인 목적에 대해 깊은 관심을 갖고 있던 사람들을 위해서도 책을 발간할 필요가 있다고 생각했다. 나는 교회 지도자들과 성도들이 모든 영적 사역은 기도에 의존해야 하며 하나님은 주님의 뜻을 추구하는 자들을 도와주신다는 사실을 깨닫는다면, 우리 교회에 새로운 희망의 시대가 도래하리라 기대하면서 본서를 간행했다. 더 열심히 기도하길 원하며 보다 능력 있는 기도를 갈망하는 사람들을 위해, 이 책에서는 개인의 기도 처소에 하나님의 영광이 있다는 것과 능력은 영혼에 달려 있다는 것을 지적하고 있다.

이 책을 통해 하나님이 종들에게 전하는 말씀을 듣는다면 주님이 우리 교단의 교회에 역사하신 것처럼 다른 교단의 교회에서도 똑같이 역사할 것이라는 사실을 알리게 되어 나는 매우 자랑스럽게 생각한다. 이 책을 읽는 모든 복음의 일꾼과 성도들의 평안을 빈다. 은혜로우신 하나님께서 우리 가운데 역사하시면 우리는 자신의 죄와 무력함을 고백하게 되며, 예수 그리스도께서 주님을 전적으로 신뢰하는 자들을 위해 무슨 일을 하시는지 깨닫고 믿게 될 것이다. 하나님이 당신에게 주님의 동역자들과 협력하는 마음을 주시며, 늘 기도하는 가운데 크리스천의 삶의 근간인 주님과의 영적 교제를 추구하고 영위하게 해달라고 기도하기를 바란다. "스스로 교만한 사람은 기도하지 않는다."

현재 우리 교단의 모든 교회에서 갖고 있는 오순절 기도 모임에 대해 잠시 소개하겠다. 미국과 아일랜드에서 일어난 1858년 이후의 교회 대부흥기 때 우리 교회의 일부 원로 목사들이 우리 교회에서도 하나님이 강력하게 역사하시도록 기도하자고 제의하였다. 그 결과, 1860년에 여러 교구에서 부흥 운동이 일어났다. 그리고 1861년 4월에는 우리 교단의 교회들 중 가장 오래된 한 교회가 기도 모임을 시작하였다. 성령 강림절을 앞두고 그 교회의 담임 목사가 오후에 교회에서 공적 기도 모임을 갖자고 제안하자 많은 성도들이 깊은 관심을 표명하였다. 목사는 교인들에게 예수 승천일부터 성령 강림절까지 열흘 동안 매일 기도 모임을 갖자고 하였고, 이렇게 하여 시작된 기도 모임은 다음 해에도 진행되었다. 그러자 이웃 교회들도 동조하기 시작하여 우리 교단의 모든 교회가 열흘 동안의 기도 모임을 갖기 시작한 지 올해로 벌써 50년째이다. 해마다 말씀의 주제와 기도 제목을 적은 팸플릿이 온 교회에 배부된다. 덕분에 우리 교단에 속한 모든 교인들은 기도회 때 성령의 사역에 관한 하나님의 말씀을 배우며, 성령의 인도를 구하고, 믿음의 순종을 다짐한다. 이때 불신자들의 회심과 교회 부흥을 위해 특별 기도를 할 때도 종종 있다. 성령께서 하나님 나라의 확장을 위해 헌신하는 성도들 가운데 역사하고 계심을 아는 목회자들과 교인들에게 이 기도 모임은 이루

말로 다 표현할 수 없는 축복의 방편이 된다. 아직 성령과 그분의 능력에 대해 모르는 것이 많지만, 그럼에도 불구하고 열흘 동안의 특별 기도회 때 성령의 역사를 간구할 수 있도록 해 주신 하나님께 감사드린다. 그리고 나는 이 기도 모임의 정신이 당신에게도 이어지게 되길 진심으로 소망한다.

_ 앤드류 머레이
Andrew Murray

추천사

"잠들어 있는 우리의 영을 깨우는 성령의 임재를 경험하라!"

어느 날 한 남자 앞으로 초대장이 날아왔다. "친구여, 내 목숨보다 더 귀하고 소중한 당신을 초대합니다. 이미 모든 것들이 다 준비되었으니 아무 염려하지 말고 오셔서 이 잔치에 함께해 주십시오." 초대장을 받아 든 남자는 의아했다. 왜냐하면 초대장을 보낸 사람이 자신의 친구가 아닐 뿐더러 감히 다가갈 수도 없는 너무나 고귀한 신분의 사람이었기 때문이다. "내가 정말 이 초대를 받아들여도 될까?"

내 안에 성령께서 임재하셔서 죄 사함의 은총을 깨닫게 해 주시고, 천국 백성만이 누릴 수 있는 영혼의 기쁨을 만끽하게 해 주셨던 날의 영광을 기억하는가? 하나님은 지금도 동일한 축복을 당신에게 선물하고 싶어하신다. 물론 당신도 날마다 하나님과 친밀하게 교제하며, 그리스도와 연합하는 즐거움을 기대할 것이다. 그러나 실제 드러나는 모습은 내면의 간구와는 너무나 다르다. 오늘날 많은 크리스천들이 이 이야기에 나오는 남자와 같은 삶을 살고 있다. 보좌로 나아오라는 하나님의 초대를 거절하거나 초대장을 받아들고 불안해한다. 심지어 하늘 잔치가 열리는 문 앞에 서 머뭇거리기도 한다.

지금도 예수님은 택함 받은 자에게 초대장을 보내시고, 우리가 하나님이 준비하신 최고의 잔치 자리에 나아오길 기다리고 계신다. 그러나 우리는 죄 된 본성이나 무지를 핑계로 이 영광스러운 초대를 거절하기 일쑤다. 예수님을 구주로 인정하는 초기의 신앙에서 조금도 진일보하지 못하고, 심지어 이것이 심각한 문제라는 것조차 인식하지 못한다.

『영성을 깨우는 기도』의 개정판인 본서에서 앤드류 머레이는 기도를 통해 날마다 하나님과 친밀하게 교제하며 그리스도와 연합하는 기쁨을 이야기하고 있다. 하나님은 지금도 끊임없이 우리에게 성령의 축복을 주기 위해 기다리고 계신다. 당신의 영적인 생활이 진부하게 느껴지고, 건조하게 느껴진다면 본서를 통해 성령의 임재를 간구하라! 우리의 기도를 통해 일하시는 놀라운 성령의 역사가 당신을 통해 이루어질 것이다.

_ 프리셉트성경연구원 원장 김경섭 목사

1부
기도 생활

거룩하고 영화로우신 하나님은 우리가 하나님께 나아와
그분과 대화하고, 우리의 필요를 아뢰며, 교제하는 가운데
풍성한 복을 누리기를 원하신다.

1. 기도하지 않는 죄

조금이라도 양심의 가책을 느낀다면, 우리는 각자 자신의 죄를 구체적으로 하나님 앞에서 고백해야 한다. 고백은 매우 개인적인 것이다. 아마 여러 사람이 모인 자리에서 가장 고백하기 부끄러운 죄는 기도하지 않는 죄일 것이다. 그러나 우리는 반드시 그 죄를 고백해야만 한다.

기도하지 않는 것이 왜 그토록 중대한 죄인가? 기도하지 않으면서도 단지 연약함을 핑계하거나 기도할 시간이 없다고 변명하며 죄책감을 느끼지 않는 사람들이 있다. 그러나 지금 이 순간부터는 기도하지 않는 것은 엄연히 죄라는 사실을 시인하자.

1. 기도하지 않는 것은 하나님을 거역하는 것이다.

거룩하고 영화로우신 하나님은 우리가 하나님께 나아와 그분과 대화하고, 우리의 필요를 아뢰며, 교제하는 가운데 풍성한 복을 누리기를 원하신다. 하나님이 우리를 주님의 형상대로 지으셨고 독생자 예수 그리스도를 통해 구속하셨으므로, 우리는 하나님과 대화하는 것을 가장 큰 기쁨으로 여겨야 한다.

그러나 우리는 하나님이 주신 이 특권을 누리기 위해 어떻게 하고 있는가? 하루에 고작 5분밖에 기도하지 않는 크리스천들이 얼마나 많은가! 종종 우리는 기도할 시간이 없다고 불평하는데, 사실은 기도할 시간이 없는 것이 아니라 기도할 마음이 없다는 것이 옳은 표현이다. 많은 사람들이 하루에 30분 정도의 시간을 드림으로써 누릴 수 있는 하나님과의 교제의 즐거움을 모르고 있다. 그렇다고 해서 그들이 기도를 전혀 안 하는 것은 아니다. 다만 매일 기도하면서도 기도의 즐거움을 누리지 못하고 있을 뿐이다. 기도하는 즐거움은 하나님이 당신에게 주신 최고의 축복이다!

갑작스런 친구의 방문에도 우리는 기꺼이 우리의 시간을 할애한다. 친구와 즐거운 대화를 나누기 위해 어떤 희생을 감내하고서라도 시간을 내야만 한다. 우리는 자기가 좋아하거나 관심을 기울이는 모든 것을 위해서는 선뜻 시간을 내면서도, 정작 하나님과 교제하며 그분과 함께하는 즐거움을 누릴 시간은 없다고 말한다! 자신에게 유익을 주는 사람을 위해서는 기꺼이 시간을 내면서도 일주일, 한 달, 일 년이 지나도록 단 한 시간조차 하나님과 함께하는 시간을 낼 겨를은 없다. 하나님과 교제할 시간을 낼 수 없다고 말하는 것은 그분을 멸시하며 모욕하는 죄임을 시인하여야 한다. 이 죄를 대수롭지 않게 여기고 있다면 하나님께 이같이 부르짖어야 한다. "오, 하나님! 저를 불쌍히 여기셔서 기도하지 않는 죄를 용서하여 주옵소서!"

2. 기도하지 않는 삶은 육신의 지배를 받는 삶이다.

기도하지 않는다는 것은 우리의 삶이 여전히 육신의 지배를 받고 있다는 증거이다. 기도는 영적인 삶의 맥박이다. 의사가 맥을 짚어 봄으로 환자의 상태를 알 수 있듯이, 영적 맥박을 통해 우리의 심령 상태를 진단할 수 있다. 평신도든 목회자든 기도하지 않는 것은 분명 죄이며, 이것은 그의 심령이 병들고, 그의 영적인 삶의 맥박이 약하다는 증거가 된다.

오늘날, 많은 교회가 본연의 사명을 다하지 못하고 있다. 교인들에게 올바른 영향력을 끼치지 못할 뿐 아니라 그들을 세상 권세로부터 구해내지 못하고, 하나님 앞에서 구별된 삶을 살도록 이끌지 못한다. 그리고 그리스도의 사랑과 그분의 대속적 죽음, 믿음으로 말미암는 구원을 알지 못하는 수백만의 불신자들을 향해 너무나 무관심하다. 그리스도를 위해 헌신하는 사역자들이 많은데도 불구하고 그들이 이 세상에 별다른 영향력을 끼치지 못하고 있는 까닭은 무엇인가? 나는 감히 그들이 기도하지 않기 때문이라고 단언한다. 그들은 열심히 성경을 연구하며, 교회를 섬기고, 충실하게 하나님 말씀을 선포하며, 성도들을 권면한다. 그러나 그들에게는 성령의 능력을 발휘할 수 있는 기도가 부족하다. 기도하지 않는 죄야말로 영적으로 나약한 삶의 근본 원인이다.

3. 기도하지 않는 목회자는 교회에 큰 손실을 입힌다.

목사가 해야 할 일 중 하나는 교인들이 지속적인 기도 생활을 하도록 훈련시키는 것이다. 만일 목회자가 날마다 하나님과 대화하면서도 성령의 풍성한 은혜를 누리는 법을 알지 못한다면, 어떻게 교인들이 기도 생활의 유익을 누리도록 인도할 수 있겠는가? 그 어떤 스승도 제자를 자신보다 더 높은 수준으로 이끌 수는 없다. 마찬가지로 목회자도 자신이 체험하지 못한 삶에 대해 교인들에게 설명할 수 있는 재간이 없다.

하나님과 교제하는 기도의 축복에 대해 전혀 모르는 크리스쳔들이 얼마나 많은가! 미미하나마 과거에 기도의 유익을 약간 맛보아 다시금 그 기쁨을 맛보고 싶어하는 크리스쳔들도 있지만, 정작 목사는 설교 시간에 교인들에게 기도의 중요성을 전혀 강조하지 않는다. 그것은 목사가 기도의 능력에 대해서 잘 모르기 때문이다. 그들은 더 이상 설교 시간에 기도의 필요성을 가르치지 않는다. 목사가 성도들의 기도하지 않는 죄를 발견하고, 더 이상 그 같은 죄를 짓지 않도록 지도한다면 우리의 삶은 확연히 달라지지 않겠는가!

4. 기도하지 않는 죄를 해결하지 않는 한, 세상 모든 사람에게 복음을 전하라고 하신 그리스도의 명령을 실천할 수 없다.

선교를 하려면 무엇보다 영혼 구원을 위해 주님께 헌신하는 자원자가 필요하다고 생각하는 사람들이 많다. 하나님의 자녀들이 밤낮으로 주께 부르짖으면 그분이 기꺼이, 능히 세상을 구원하실 거라고 주장하는 사람들도 있다. 그러나 목회자에게 무엇보다 꼭 필요한 것이 설교나 심방, 교회 행사가 아니라 하나님과 교제하는 기도임을 깨닫지 못한다면, 어찌 교인들을 기도하도록 지도할 수 있겠는가? 하나님 나라에 대한 모든 소망과 기대가 커질수록 우리는 기도하지 않는 것이 죄임을 깨닫게 된다.

> 하나님, 우리가 이 사실을 깨닫도록 도와주옵소서! 예수님의 보혈과 권능으로 우리를 기도하지 않는 죄에서 구해주옵소서! 하나님의 말씀을 좇는 모든 사역자들이 더 이상 기도하지 않는 죄를 짓지 않게 하셔서, 담대함과 기쁨으로 인내하는 가운데 주님과 동행할 수 있다는 사실을 가르쳐 주옵소서!

우리는 예수님의 이름과 권능으로 기도하지 않는 죄를 해결하지 않는 한 심령의 평안을 누리지 못할 것이다.

미국에서 있었던 일

1898년, 뉴욕의 장로교회에서 시무하던 두 명의 목사가 자신의 영적인 삶을 강화하기 위해 노스필드 교역자 협의회에 참석하였다. 이 협의회에 참석하였던 두 사람은 교회 부흥을 위한 새로운 비전과 가슴 벅찬 열정을 안고 각자의 사역지로 돌아갔다. 도대체 교역자 협의회에서 무슨 일이 있었던 걸까? 이 모임에서 협의회 의장은 참석자들에게 각자의 기도 생활에 대해 질문하고, 기도의 중요성을 가르쳤다. 의장은 참석자들에게 이같이 말하였다. "사랑하는 형제 여러분, 오늘 하나님 앞에서 그리고 서로에게 솔직히 고백합시다. 그렇게 하는 것이 우리에게 유익합니다. 주님이 맡겨 주신 일을 위해 매일 30분씩 하나님께 기도하는 사람은 오른손을 드십시오." 그러자 한 사람이 손을 들었다. 의장이 다시 물었다. "그렇다면 매일 15분씩 기도하는 사람은 없습니까?" 이번에는 절반가량이 손을 들었다. 청중들을 천천히 둘러보던 의장이 엄숙한 목소리로 말하였다. "기도는 그리스도의 몸 된 교회를 위해 사역하는 능력의 비결입니다. 그러나 이 자리에 참석하신 분들 중 절반 가량은 기도의 도구를 제대로 사용하지 않으시는군요! 매일 5분씩 기도하는 사람은 모두 손을 들어주십시오." 그러자 모든 사람이 손을 들었다. 그런데 나중에 한 사람이 자신이 과연 매일 5분씩 기도하는지 잘 모르겠다고 고백하였다. "매일 기도하는 가운데 하나님과 교제하는 시간이 거의 없다는 사실을 깨닫고 나니 너무나 부끄러웠습니다. 그동안 나는 기도의 능력을 구하기만 했을 뿐 참된 기도의 기쁨은 누리지 못했습니다."

기도는 하늘문을 열고 닫는 열쇠이다.
기도는 강한 군대들을 이기며, 마귀의 계교를 드러낸다.
- 윌리엄 거널

성경은 우리 크리스천에게 두 가지 상태가 있을 뿐이라고
가르친다. 하나는 성령을 좇아 행하는 것이며,
다른 하나는 육신을 좇아 행하는 것이다.

2. 기도하지 않는 이유

장로들의 기도 모임에서 한 장로님이 나에게 이런 질문을 던졌다. "목사님, 많은 사람들이 기도를 하지 않는 까닭은 무엇입니까? 그들의 불신앙 때문입니까?" 그러자 다른 장로님이 대신 대답하였다. "아마 그럴 것입니다. 그렇다면 당신은 그들의 불신앙의 원인이 무엇이라고 생각합니까?"

제자들이 예수님에게 "우리는 어찌하여 능히 귀신을 쫓아내지 못하였나이까?"라고 물었을 때, 주님은 "너희 믿음이 작은 까닭이니라"고 대답하시면서 "기도 외에 다른 것으로는 이런 종류가 나갈 수 없느니라"고 말씀하셨다. 우리가 자신을 부인하지 않고, 기도하는 삶을 살지 못하고 있다면, 이것은 믿음이 부족하다는 증거다. 우리가 기도하지 않는 이유는 성령을 따르지 않고 육신을 좇아 살기 때문이다. 기도 모임을 마친 후, 한 장로님이 내게 다가와 이렇게 고백했다. "우리는 성령을 좇아 기도하기 원한다고 말하면서도 육신을 좇아 살기 일쑤이니 참으로 슬플 뿐입니다. 그래서 더 기도할 수밖에 없는 것이겠지요?"

어떤 병든 사람이 낫기 원한다면 우선 질병의 근본 원인을 발견하는 것이 가장 중요하다. 어떤 질병이든 근본 원인을 발견하는 것이 회복을 위한 첫 단계이다. 근본적인 문제를 깨닫지 못한 채 잘못된 원인이나 부차적인 문제에 집착한다면 완전히 나을 수 없다. 이와 마찬가지로 영적인 환자인 우리는 자신이 영적으로 무감각하며, 축복의 장소가 되는 자신만의 기도 공간을 갖지 못하고 있는 까닭을 아는 것은 대단히 중요하다. 이제 그 근본 원인을 알아보자.

성경은 우리 크리스천에게 두 가지 상태가 있을 뿐이라고 가르친다. 하나는 성령을 좇아 행하는 것이며, 다른 하나는 육신을 좇아 행하는 것이다. 이 두 세력은 충돌하기 때문에 공존할 수 없다. 그러나 이 땅에는 성령으로 거듭

났으며 새 생명을 얻었음에도 불구하고 성령을 좇지 않고 여전히 육신의 길을 좇아 사는 크리스천들이 너무 많다. 사도 바울은 갈라디아 교인들을 이렇게 책망하였다.

"너희가 이같이 어리석으냐 성령으로 시작하였다가 이제는 육체로 마치겠느냐"(갈 3:3).

갈라디아 교인들은 육신의 소욕을 좇아 행했다. 그들은 육신의 소욕이 하나님의 뜻과 상반되며, 우리를 죄의 길로 이끈다는 사실을 이해하지 못하였다. 그러므로 사도 바울은 누구든지 육신을 좇아 행하면 음행, 살인, 술 취함과 같은 중대한 죄뿐 아니라 분냄, 다툼, 당 짓는 것과 같은 사소한 죄도 짓게 된다고 경고하였다. 그리고 나서 그는 갈라디아 교인들에게 이같이 권면하였다.

"내가 이르노니 너희는 성령을 따라 행하라 그리하면 육체의 욕심을 이루지 아니하리라"(갈 5:16).

"만일 우리가 성령으로 살면 또한 성령으로 행할지니"(갈 5:25).

우리는 새 생명의 창조자이며 우리의 모든 발걸음을 인도하고 주장하시는 성령을 경외하여야 한다. 그러지 않으면 우리 역시 사도 바울이 말한 대로 육신을 좇아 행하는 사람이라 할 수 있다. 많은 크리스천들이 이 사실을 제대로 이해하지 못하고 있다. 그들은 자신들이 무의식적으로 굴복하는 육신의 뿌리 깊은 죄성과 불경스러움에 대해 무지하다.

"율법이 육신으로 말미암아 연약하여 할 수 없는 그것을 하나님은 하시나니 곧 죄로 말미암아 자기 아들을 죄 있는 육신의 모양으로 보내어 육신에 죄를 정하사"(롬 8:3).

"그리스도 예수의 사람들은 육체와 함께 그 정욕과 탐심을 십자가에 못 박았느니라"(갈 5:24).

우리의 육신은 개선되거나 거룩해질 수 없다.

"육신의 생각은 하나님과 원수가 되나니 이는 하나님의 법에 굴복하지 아니할 뿐 아니라 할 수도 없음이라"(롬 8:7).

죄의 문제를 해결하기 위해서는 우리의 육신을 그리스도와 함께 십자가에 못 박는 것 외에는 다른 해결 방법이 없다.

"우리가 알거니와 우리의 옛 사람이 예수와 함께 십자가에 못 박힌 것은 죄의 몸이 죽어 다시는 우리가 죄에게 종 노릇 하지 아니하려 함이니"(롬 6:6).

그러므로 우리는 십자가를 말미암지 않고서는 누구도 의롭게 될 수 없다는 사실을 깨달아 날마다 우리 육신을 십자가에 못 박아야 한다. 유감스럽게도 많은 크리스천들이 육신의 뿌리 깊은 죄성에 대해 거의 생각하지 않거나, 그것에 관해 진지하게 얘기하지 않는다. 사도 바울은 이같이 고백하였다.

"내 속 곧 내 육신에 선한 것이 거하지 아니하는 줄을 아노니 원함은 내게 있으나 선을 행하는 것은 없노라"(롬 7:18).

이 말을 깨닫는 사람은 이렇게 부르짖을 것이다.

"내 지체 속에서 한 다른 법이 내 마음의 법과 싸워 내 지체 속에 있는 죄의 법으로 나를 사로잡는 것을 보는도다 오호라 나는 곤고한 사람이로다 이 사망의 몸에서 누가 나를 건져내랴"(롬 7:23-24).

그리고 한 걸음 더 나아가 이렇게 고백하는 성도는 정녕 행복한 사람이다.

"우리 주 예수 그리스도로 말미암아 하나님께 감사하리로다 그런즉 내 자신이 마음으로는 하나님의 법을 육신으로는 죄의 법을 섬기노라"(롬 7:25).

"이는 그리스도 예수 안에 있는 생명의 성령의 법이 죄와 사망의 법에서 너를 해방하였음이라"(롬 8:2).

이제 우리는 하나님의 무한한 은혜로 말미암아 우리의 육신을 십자가에 못 박았으며, 성령께서 우리 안에 거하셔서 우리의 삶을 주장하고 계심을 이해하였을 것이다. 이 영적인 삶을 온전히 이해하거나 추구하는 것은 어려운 일이지만, 하나님은 자신을 주님께 전적으로 내맡기는 자들에게 영적인 삶을 허락하실 것이라고 분명히 약속하셨다.

여기서 우리는 우리의 기도를 방해하는 죄의 깊은 뿌리를 발견할 수 있다. 때때로 우리의 육신은 기도하는 것은 괜찮으며, 기도는 종교 행위이고, 기도함으로 마음의 기쁨을 누릴 수 있다고 말한다. 그러나 기도하는 가운데 하나님을 자세히 알고, 그분과 교제하는 기쁨을 누리며, 계속적으로 하나님의 주권에 사로잡혀 있기를 원치 않는다. 그렇기 때문에 결국 우리는 육신을 부인하고 십자가에 못 박아야 한다.

여전히 육신적인 크리스천은 하나님을 따를 의향도, 힘도 없다. 그는 형식적이거나 습관적으로 드리는 기도에 만족한다. 마침내 영안이 열려 능력 있는 기도를 가로막는 가장 큰 대적은 하나님을 거역하는 육신임을 깨달을 때까지 그는 은밀한 기도의 복을 누리지 못한다.

나는 교역자 협의회에서 기도에 대해 얘기하면서 육신의 적대감이 기도하지 않는 원인이라고 단호하게 지적하였다. 말을 마치고 나자 어떤 목사의 부인이 자기가 생각하기엔 나의 어조가 너무 강한 것 같다고 얘기하였다. 그녀는 지금까지 기도하고 싶은 마음이 별로 없었던 것에 대해 죄책감을 느끼고 있었으며 실상은 하나님을 추구하는 간절한 마음이 있었다. 나는 그녀에게 우리의 연약한 육신에 관해 설명한 후에 성령을 받지 못하도록 방해하는 것이 육신의 은밀한 공작임을 언급하고 있는 성경 말씀을 보여 주었다. 아담은 하나님과 교제하도록 창조되었으며 타락하기 전에는 하나님과의 교제를 즐겼다. 그러나 타락 후 그는 즉시 하나님에 대한 반감이 생겨 하나님으로부터 달아났다. 이 불치의 반감은 거듭나지 못한 사람의 특성이며, 기도하는 가운데 하나님과 교제하기를 완강히 거부하는 주된 요인이다. 그다음 날, 목사 부인은 하나님께서 자신의 영안을 열어 주셨다고 내게 말하였다. 그녀는 육신의 반감과 저항이 자신의 기도 생활을 가로막은 은밀한 훼방꾼이었음을 고백하였다.

  자신이 처한 상황에서 기도하지 않는 것에 대한 변명거리를 찾으려고 하지 마라. 성경은 우리가 기도하지 않는 것은 하나님에 대한 육신의 적대감 때문임을 명확히 밝히고 있다. 크리스천이 성령의 인도와 하나님의 뜻과 은혜의 역사에 전적으로 굴복하지 않을 때, 그는 자신도 모르는 사이에 육신의 종노릇하고 있는 셈이다. 육신의 삶은 여러 가지 형태로 나타나는데 그중 몇 가지 예를 들면 다음과 같다.

- 경솔하게 행동하거나 불쑥 화를 냄
- 종종 자기를 비난하는 사람을 미워함
- 양심에 거리끼면서도 과식하며 음주를 즐김
- 하나님 앞에서 부끄러움을 느끼면서도 자신의 뜻, 명예, 지혜, 권세를 좇으며 세상 쾌락을 탐함

이 모든 것은 육신을 좇는 삶이다.

"너희는 아직도 육신에 속한 자로다 너희 가운데 시기와 분쟁이 있으니 어찌 육신에 속하여 사람을 따라 행함이 아니리요"(고전 3:3).

우리 가운데 시기나 분쟁이 있으면 우리는 아직 육신에 속한 자이다. 이 말씀 때문에 마음이 편하지 않다면 하나님 안에서 완전한 평안과 기쁨을 누리지 못하고 있는 것이다.

다음 질문에 스스로 답해 보라. "여기서 내가 기도하지

않는 까닭과 영적으로 무력한 이유를 발견하였는가? 나는 성령 안에 살고 있다. 나는 거듭났지만 성령을 좇아 행하지 않고 육신의 지배를 받고 있다. 육신의 삶은 능력 있는 기도를 할 수 없게 만든다. 주님, 저를 용서해 주십시오. 육신의 삶은 부끄럽게도 내가 기도하지 않는 근본 원인이다."

싸움터의 한복판

교역자 협의회에서 하나님 나라와 어둠의 권세와의 싸움과 관련해 자주 거론하는 '전략적 요충지'(strategic position)에 대한 언급이 있었다.

지휘관은 적과 맞서 싸울 장소를 택할 때 전략적 요충지를 최우선적으로 고려한다. 워털루 전쟁터에는 웰링턴(Wellington) 장군이 싸움의 승패를 좌우할 결정적 요소로 판단한 농가가 한 채 있었다. 웰링턴 장군은 그 농가를 차지하기 위해 병사들을 대거 투입하였다. 그 결과, 그가 예상한 대로 나폴레옹과의 싸움에서 이겼다. 성도와 어둠의 권세와의 싸움에서도 마찬가지이다. 자신만의 기도 장소는 결정적 승리를 거둘 수 있는 전략적 요충지이다.

사탄은 크리스천들, 특히 목회자들이 기도를 무시하도록

하기 위해 자신의 세력을 총동원한다. 사탄은 설교, 예배, 심방이 중요한 것이긴 하지만 목회자가 기도를 무시하는 한 그 모든 것이 자신이나 자신의 왕국에 아무런 타격을 입히지 못한다는 사실을 알고 있다. 교회가 기도로 무장하고 주님의 군사들이 기도하는 가운데 하나님의 능력을 부여받을 때 어둠의 권세는 깨어지고 뭇 영혼들이 구원받을 수 있다. 목회자와 교인들은 교회와 선교 현장에서 모든 일을 함에 있어 기도에 의지하여야 한다. 교역자 협의회 기간 동안 나는 『크리스천』(The Christian)이라는 잡지에서 다음 글을 발견하여 감명 깊게 읽었다.

어디선가 두 사람이 싸우고 있다. 한 사람은 크리스천이고 다른 사람은 무저갱의 사자이다. 무저갱의 사자는 크리스천이 승리할 수 있는 확실한 무기를 갖고 있음을 주목한다. 그는 크리스천으로부터 그 무기를 빼앗으려고 마음먹는다. 이제 싸움의 승패는 누가 그 무기를 소유하느냐에 달렸다. 그 무기는 바로 기도이다.

이처럼 사탄과 성도는 지금도 서로 싸우고 있다. 하나님의 자녀는 기도로서 모든 것을 정복할 수 있다. 그러므로 사탄이 크리스천에게서 기도의 무기를 빼앗거나 사용하지 못하도록 방해하려고 안간힘을 쓰고 있음은 당연하지 않은가?

사탄은 어떻게 우리의 기도를 저지하는가? 그는 우리가 기도를 미루거나 빼먹도록 유혹한다. 사탄은 혼란한 생각, 주의 산만, 불신, 절망을 통해 우리가 기도하지 못하도록 방해한다. 이 모든 훼방에도 불구하고 자신의 병기를 굳게 잡고 규칙적으로 사용하는 기도의 용사는 행복한 사람이다. 우리 주님은 겟세마네 동산에서 사탄의 공격이 심하면 심할수록 더욱 간절히 기도하셨으며, 최후 승리를 얻기까지 기도하기를 쉬지 않으셨다. 사도 바울은 하나님의 전신갑주를 일일이 열거한 후 이같이 권면하였다.

"모든 기도와 간구를 하되 항상 성령 안에서 기도하고 이를 위하여 깨어 구하기를 항상 힘쓰며 여러 성도를 위하여 구하라"(엡 6:18).

기도하지 않으면 구원의 투구, 믿음의 방패, 성령의 검 곧 하나님의 말씀은 아무 효력이 없다. 이 모든 것은 기도할 때 비로소 효력을 발휘한다. 하나님, 저희가 믿고 기도할 수 있도록 하옵소서!

당신이 해야 할 일은
살아 계신 주님과 당신의 관계를 점검하는 것이다.
자신과 주님의 관계를 점검하면 기도 생활을 영위할 수 있다.

3. 먼저 주님과의 관계를 점검하라!

크리스천은 기도하지 않는 자신의 죄를 깨닫자마자 하나님의 도우심을 힘입어 이 죄를 극복하고자 노력해야 한다. 그러나 얼마 안 있어 자신의 노력이 무익함을 깨닫게 되면 낙심하여 중도에 포기하고 만다. 교역자 협의회에서 과거의 기도 생활에 대해 다루었을 때 많은 목사가 매일 규칙적으로 기도하지 못했다고 솔직히 고백하였다.

최근에 뛰어난 능력과 헌신적인 사역 덕분에 항간에 널리 알려진 목사로부터 한 통의 편지를 받았다. 그 내용 중 일부를 소개하면 다음과 같다.

기도 생활에 대한 조언을 듣고 자신을 가다듬고자 철저히 노력하고, 모든 시간을 투자하고 끊임없이 노력하면 반드시 좋은 결과가 있을 것이라는 말을 수없이 듣지만, 제게는 아무런 도움이 되지 않습니다. 몇 번이고 들은 대로 해보지만 결과는 항상 실망스러울 뿐입니다. "당신은 좀 더 기도하고, 자신을 세밀히 관찰하며, 더욱 신실한 크리스천이 되어야 합니다"라는 말은 제게 전혀 도움이 되지 않습니다.

나는 그 목사에게 이런 답장을 보냈다. "제가 협의회나 다른 곳에서 인위적인 노력에 대해서 언급하지 않았듯이, 단순한 믿음으로 그리스도 안에 거하는 법을 배우지 않는 한 우리의 노력은 헛될 뿐입니다." 그리고 이 같은 말을 덧붙였다. "제가 당신에게 들려주고 싶은 말은 이것입니다. '당신이 해야 할 일은 살아 계신 주님과 당신과의 관계를 점검하는 것입니다. 주님과 동행하는 삶을 살며, 그분의 사랑을 누리며, 주님 안에서 안식하십시오.'" 이 말뜻을 제대로 이해하기만 한다면 이외에 달리 들려줄 더 좋은 말이 없다. 당신이 해야 할 일은 살아 계신 주님과 당신의 관계를 점검하는 것이다. 자신과 주님의 관계를 점검하면 기도 생활을 영위할 수 있다.

우리는 연약하기 때문에 자신과 교회와 선교 사역을 위해 기도할 수 없다고 투덜대면서 기도하지 않는 죄를 짓고 있으면서도 예수님과 올바른 관계를 유지하고 있다고 자신을 기만해서는 안 된다. 우리가 기도를 포함한 모든 면에서 예수님과 정상적인 관계를 유지하고 있고, 온 마음과 힘을 다해 하나님의 뜻을 좇아 기도하고 있음을 확신한다면 우리는 주 안에서 기뻐하며 안식을 누리고 있을 것이다.

위의 목사가 내게 보낸 편지 내용은 인간적인 노력의 결과는 실망스러울 수밖에 없어 개선이나 승리를 기대할 수 없음을 보여 준다. 사실 이것이 쉬지 말고 기도하라는 권면을 듣는 수많은 크리스천의 현 상태이다. 우리는 쉬지 않고 기도하는 것이 도저히 불가능한 일이라고 생각할 뿐만 아니라 쉬지 않고 기도하는 데 필요한 헌신과 성별(聖別)의 능력이 없다. 애쓰고 노력해 보았자 아무 효과가 없으므로 주춤거린다. 육신의 힘으로 육신을 정복하려고 하였으니 불가능할 수밖에 없다. 우리는 바알세불(귀신의 왕, 마 12:22-25)로 바알세불을 쫓아내려고 하는데 그런 일은 도

무지 있을 수 없다. 육신과 사탄을 정복할 수 있는 분은 오직 예수님뿐이시다.

지금까지 실망과 낙담만 가져올 싸움에 대해 언급하였는데 이것은 자기 힘만을 의지하여 노력하기 때문에 그런 것이다. 그러나 반드시 승리할 수 있는 또 다른 싸움이 있다. 성경은 '믿음의 선한 싸움'에 대해 얘기하고 있는데 그것은 믿음으로 말미암은 싸움, 믿음으로 싸우는 싸움을 의미한다. 우리는 믿음에 대한 올바른 개념을 견지하여 우리의 믿음을 고수해야 한다. 예수 그리스도는 믿음의 창시자이자 완성자이시다. 주님과 올바른 관계를 유지할 때 그분의 도우심과 권능에 대해 확신할 수 있다. 그러므로 우리는 첫째, 이같이 말해야 한다. "자신의 힘만으로 싸우려 하지 마십시오. 주님의 발 앞에 무릎 꿇고 그분이 당신과 함께하시며 당신에게 역사하심을 확신할 때까지 기다리십시오." 그리고 둘째, 이렇게 말해야 한다. "기도로 싸우십시오. 당신의 심령에 믿음이 충만하게 하십시오. 그러면 주님 안에서, 그분의 권능을 힘입어 강해질 것입니다."

이 사실을 이해하는 데 도움이 되는 예화를 하나 들려주겠다. 성경 공부 모임을 열심히, 성공적으로 지도하던 헌신적인 여성이 어느 날 목사에게 상담하러 왔다. 그녀는 예전에 기도, 주님과의 교제, 성경 읽기를 통해 풍성한 복을 누렸었다. 그러나 점차 주님과의 교제가 단절된 그녀는 무슨 일을 해도 예전과 같은 기쁨을 누리지 못하였다. 주님이 그녀의 사역을 축복하셨지만 그녀에게서는 더 이상 기쁨을 찾아볼 수 없었다. 목사는 그녀에게 잃어버린 복을 되찾기 위해 어떤 노력을 기울였는지 물어보았다. 그러자 그녀는 이렇게 대답하였다. "제가 할 수 있는 모든 일을 다 해보았지만 아무 소용없었습니다."

이어서 목사는 그녀의 개종과 관련한 체험에 대해 질문하였다. 그러자 그녀는 주저하지 않고 똑똑히 대답하였다. "처음에 제 스스로 죄로부터 자유하며 아무 고통도 느끼지 않으려고 몸부림쳤으나 헛수고였습니다. 저는 마침내 인간적인 노력을 포기한 채 새 생명과 평안을 주시는 예수님을 믿고 의지하기만 하면 된다는 사실을 이해하고 그렇게 하였습니다. 그랬더니 주님이 제게 새 생명과 마음의 평안을 주셨습니다."

이 말을 들은 목사는 그녀에게 중요한 사실을 일깨워 주었다. "그렇다면 왜 지금은 그렇게 하지 않으십니까? 자신의 힘으로 문제를 해결하려고 하지 마세요. 주님께 겸손히 무릎 꿇고 그분에게 당신의 곤고한 심령과 당신의 유일한 희망은 주님임을 아뢰십시오. 어린아이처럼 주님을 믿고 의지하는 가운데 그분의 은혜를 구하고 기다리세요. 그러면 주님과 정상적인 관계를 회복하게 될 것입니다. 당신은 아무것도 갖고 있지 않지만 주님은 모든 것을 갖고 계십니다." 잠시 후 그녀는 목사에게 그 조언이 자신에게 많은 도움이 되었다며 감사하였다. 그녀는 예수님을 사랑하는 믿음이야말로 기도하는 가운데 하나님과 교제할 수 있는 유일한 길임을 깨달은 것이다.

당신은 두 종류의 싸움이 있음을 아는가? 첫째는 우리가 자신의 힘으로 기도하지 않음을 해결하려고 하는 것이다. 그럴 경우 당신에게 들려주고 싶은 조언은 이것이다. "인간적인 조바심과 노력을 포기하고 예수님께 자신의 무력함을 내놓으십시오. 그러면 주님이 말씀하시고 당신의 심령은 소생할 것입니다." 당신이 내 말대로 따라 한다면 두 번째로 들려줄 조언은 바로 이것이다. "이것은 시작에 불과할 뿐입니다. 이제는 다시 퇴보하지 않기 위해 더욱 성실히,

역량을 총동원하여 훈련하고 철저히 마음을 경계하는 것이 필요합니다. 그리고 무엇보다 하나님이 우리를 위해 역사하려고 우리에게 요구하시는 헌신적인 삶이 필요합니다."

우리는 주님의 보혈과 은혜로 말미암아
온갖 불의와 기도하지 않는 죄를 말끔히 해결받을 수 있다.

4. 성령님의 도우심을
간구하는 기도

기도하지 않는 문제를 해결하는 데 있어 가장 큰 장애물은 기도하지 않는 삶에서 결코 벗어날 수 없을 것이라고 하는 은밀한 감정이다. 우리는 종종 이 문제를 해결하려고 노력하지만 수포로 돌아가고 만다. 오랜 습관과 육신의 힘, 그리고 우리를 유혹하고 교란하는 주위 환경은 너무나 강하다. 우리가 도저히 성취할 수 없다고 확신하는 것을 추구한들 무슨 소용이 있겠는가? 우리의 삶을 완전히 변화시키기란 너무나 어렵고 역부족이다. "변화할 수 있는가?"라는 물음에 우리는 한숨을 쉬면서 "저는 도저히 불가능합니다!"라고 대답한다. 우리가 왜 이런 대답을 하는지 그 이유를 아는가? 기도하라는 부름을 모세의 음성과 율법의 요구로 받아들이기 때문이다. 모세와 율법은 어느 누구에게도 순종할 수 있는 능력을 주지 못한다.

당신은 정말로 기도하지 않는 삶에서 벗어나는 것이 가능하다고 믿을 수 있는 용기를 갈망하는가? 그렇다면 그러한 해방은 예수 그리스도께서 성취하신 대속 사역에 포함되어 있으며, 그것은 하나님이 예수 그리스도를 통해 당신에게 베푸실 새 언약의 축복 가운데 하나임을 깨달아야 한다. 이 사실을 이해하면 "쉬지 말고 기도하라"는 말씀이 새로운 의미로 와 닿을 것이다. 그리고 당신이 '아빠 아버지'께 끊임없이 부르짖도록 하시는 성령께서 당신이 기도하는 참된 삶을 살도록 해 주실 것이라는 희망이 용솟음칠 것이다. 그때 당신은 낙담하는 영의 소리가 아닌 회개를 촉구하는 희망의 목소리에 귀를 기울일 것이다.

지금까지 별로 기도하지 않았음을 자책하며 앞으로는 그러지 않겠다고 결심하고 자신의 기도 처소로 돌아서는 사람이 많다. 그러나 그의 눈이 예수님을 향하고 있지 않기에 그는 여전히 기도할 능력이 없다. 그가 현실을 이해하기만 했더라도 주님께 이같이 아뢰었을 것이다. "주님, 주님은 제 심령이 냉담함을 아십니다. 저는 기도해야 하는 줄 알면서도 기도하지 못하고 있습니다. 저는 기도해야 할 절박함을 느끼지 못하며, 기도하고 싶은 마음이 부족합니다."

그는 그 순간에 예수님이 부드러운 눈길로 자신을 내려다보면서 이같이 말씀하시는 것을 알지 못한다. "네 심령이 그토록 냉담하니 너는 기도할 수 없구나. 왜 너 자신을 내게 의탁하지 않니? 기도하기만 하면 내가 언제든지 너를 도와줄 수 있음을 믿으렴. 나는 네가 자신의 연약함을 깨닫고 기도하는 가운데 전적으로 나를 의지하도록 하기 위하여, 네 마음속에 나의 사랑을 부어 주고 싶단다. 나는 네 모든 죄를 씻어 줄 뿐 아니라 네 힘으로 해결할 수 없는 기도하지 않는 죄에서 너를 구해 줄 것이다. 주인에게 모든 것을 기대하는 종처럼 내게 무릎을 꿇어라. 내 앞에서 잠잠히 너의 불완전한 상태를 직시하라. 그리고 내가 네게 기도하는 법을 가르쳐 줄 거라고 확신하라."

아마 많은 사람이 이렇게 시인할 것이다. "제 잘못을 깨달았습니다. 저는 예수님이 기도하지 않는 죄에서 저를 구하시며 그 죄를 사해 주시는 분인 줄 몰랐습니다. 제가 기도할 때마다 항상 주님이 저와 함께하셨으며, 제게 놀라운 사랑과 복을 베풀어 주려고 하셨지만 저는 죄책감에 사로잡혀 있었음을 미처 이해하지 못했습니다. 주님이 기도에 응답하여 모든 것을 주실 터인데, 무엇보다도 먼저 기도하는 마음을 주실 거라고 기대하지 않았습니다. 주님이 모든 복을 주신다고 생각하면서도 모든 것을 좌우하는 기도만큼은 개인적인 노력으로 획득해야 한다고 생각하였으니 얼마나 어리석습니까! 하나님, 이제 진실을 이해할 수 있게 해주셔서 감사합니다. 예수님은 제가 기도할 때 곁에서 저를 지켜보시며, 제게 하나님 아버지께 나아가는 방법을 가르쳐 주십니다. 주님은 단지 제가 어린아이처럼 담대히 주님을 의지하며 주님을 영화롭게 하기를 요구하실 뿐입니다."

이 진리를 잊어버렸는가? 불완전한 영적 삶에서는 불완전한 기도 생활 외에 달리 기대할 것이 없다. 우리가 영적으로 메말라 있을 때 열심히 기도하려고 노력하는 것은 헛된 수고일 뿐이다. 영적으로 무감각한 사람이 기도하기를 바라는 것은 불가능하다.

"그런즉 누구든지 그리스도 안에 있으면 새로운 피조물이라 이전 것은 지나갔으니 보라 새 것이 되었도다"(고후 5:17).

우리는 이 사실을 직접 체험해야 한다. 그리스도 안에서 새로운 피조물이 된다는 것이 어떤 것인지를 알고 체험한 사람에게 이 말씀은 진리이다. 예수님과 우리의 모든 관계는 새로운 것이어야 한다. 매 순간 나와 교통하며 주님과의 교제의 기쁨을 누리길 원하시는 예수님의 무한한 사랑을 믿어야 한다. 우리는 죄를 정복하시며 죄로부터 지켜 주시는 주님의 권능을 믿어야 한다. 성령을 통해 우리를 위하여 중보하시는 예수 그리스도께서 각 지체에게 기도하는 가운데 하나님과 교통할 수 있는 기쁨과 능력을 주신다는 사실을 믿어야 한다. 우리의 기도 생활은 그리스도와 그분의 사랑에 완전히 복속되어야 한다. 이때 처음으로 기도가 자연스럽고 기쁨이 넘치는 영의 호흡이 될 것이다.

우리가 이러한 믿음을 소유할 때, 기도하라는 부름은 하나님을 기쁘시게 하는 부름이 되지 않겠는가? 이때 "기도하지 않는 죄를 회개하나이다"라는 부르짖음은 더 이상 자신의 무력함이나 육체의 완강한 저항에 대한 탄식이 아닐 것이다. 그리고 우리 앞에 문을 활짝 열어 놓고 우리와 교제하길 원하시는 하나님께서 우리를 부르시는 소리가 들릴 것이다. 또한 성령의 도우심을 간구하는 기도는 더는 자신의 힘으로 노력해야 한다는 중압감에 사로잡힌 기도가 아닐 것이다. 이제 자신의 나약함을 예수님께 내어놓고 그분의 권능과 사랑을 통해 승리할 수 있을 것이다.

하지만 아직도 여전히 우리 마음속에 의문이 생길 것이다. '과연 이런 상태가 언제까지 지속될 수 있을까?' 그리고 두려움이 뒤따를 것이다. "몇 번이나 시도했지만 번번이 실패하지 않았는가!" 그러나 이제 참된 믿음은 자신이 무엇을 해야 한다고 생각하지 않고, 언제든지 당신을 도우시며, 주님을 의뢰하는 자는 결코 부끄러움을 당하지 않는다는 확신을 주시는 그리스도의 신실하심과 사랑으로 말미암아 새 힘을 얻게 한다.

아직도 두려워하며 주저하고 있다면 당신이 예수 그리스도 안에서 하나님의 은혜와 무한한 사랑을 힘입어 자신을 전적으로 주님께 내맡길 수 있도록 기도하겠다. 참된 믿음만이 우리를 기도하지 않는 죄에서 헤어나게 한다.

"만일 우리가 우리 죄를 자백하면 그는 미쁘시고 의로우사 우리 죄를 사하시며 우리를 모든 불의에서 깨끗하게 하실 것이요"(요일 1:9).

우리는 주님의 보혈과 은혜로 말미암아 온갖 불의와 기도하지 않는 죄를 말끔히 해결 받을 수 있다. 영원토록 주님의 이름을 찬양할지어다!

각자의 기도 처소에서 무릎 꿇고 하나님을 예배하라.
주님이 자신을 계시하시며, 당신을 사로잡고, 주님과 동행하는
삶을 사는 사람은 어떤 사람인지 깨우쳐 줄 때까지 기다려라.

5. 지속적으로 기도하려면

4장에서 다룬 내용은 "지속적으로 기도하려면 어떻게 해야 하는가?"라는 물음에 대한 답이 될 수 있다. 구속(救贖)은 이따금 조금씩 사용하는 그 무엇처럼 우리에게 서서히 허용되는 것이 아니다. 우리를 위한 예수님의 구속 사역은 단번에, 완전하게 성취되었기에 우리는 매일 주님과 새로운 교제를 즐길 수 있다. 이 위대한 진리를 명심하도록 한 번 더 분명히 말하겠다. 날마다 우리 예수님과 친밀한 교제를 하지 않는 한 살아 있는 기도, 힘 있는 기도를 지속할 수 없다.

예수님은 제자들에게 이같이 말씀하셨다.

"너희는 마음에 근심하지 말라 하나님을 믿으니 또 나를 믿으라"(요 14:1).

"내가 아버지 안에 거하고 아버지께서 내 안에 계심을 믿으라 그렇지 못하겠거든 행하는 그 일로 말미암아 나를 믿으라 내가 진실로 진실로 너희에게 이르노니 나를 믿는 자는 내가 하는 일을 그도 할 것이요 또한 그보다 큰 일도 하리니 이는 내가 아버지께로 감이라"(요 14:11-12).

예수님은 제자들에게 그들이 구약 성경에서 하나님의 권능, 거룩함, 사랑에 관해 배운 모든 것을 이제 주님에게 돌려야 한다고 가르치셨다. 예수님의 제자들은 단지 구약 성경에 기록된 내용이 아니라 주님에게서 직접 목격한 사실을 믿어야 했다. 그들은 주님이 하나님 아버지 안에 계셨고 하나님 아버지가 주님 안에 계셨으므로 두 분이 본질상 한 분이심을 믿어야 했다. 예수님은 제자들이 주님을 믿고 주님보다 더 큰 일을 하도록 하기 위해서 이 사실을 가르치셨다. 이 믿음은 제자들로 하여금 그리스도와 하나님 아버지가 한 분이신 것처럼 그들이 그리스도 안에 있고 그리스도께서 그들 안에 계시다는 사실을 알게 해 주었다.

이 진리가 우리의 삶, 특히 기도 생활에서 힘 있게 증거해 주는 것은 주님과 친밀하고 영적이며 방해받지 않는 개인적인 관계를 맺을 수 있다는 것이다. 예수님은 하나님의 영광스러운 모든 속성을 지니고 계신다. 이 사실은 곧 무엇을 의미하는가?

하나님의 편재성

하나님은 이 세상 어느 곳에나 계신다. 하나님 아버지와 마찬가지로 이제 예수님도 어디든지 계시며, 자신이 구속하신 각 성도와 함께하신다. 이것은 우리가 믿음으로 이해해야 할 가장 위대하고 중요한 진리이다. 우리는 열두 제자들의 사례를 통해 이 사실을 분명히 이해할 수 있다. 항상 예수님과 교제한 제자들이 누린 특권은 무엇인가? 그것은 아무런 방해도 받지 않고 예수님과 함께하는 즐거움이었다. 그랬기에 그들은 주님이 장차 죽으실 것을 알았을 때 매우 슬퍼하였다. 제자들은 주님을 빼앗기고, 주님은 더 이상 제자들과 함께하지 못할 터였다. 이 상황에서 예수님은 제자들을 어떻게 위로하셨는가? 예수님은 하나님이 보내실 보혜사 성령께서 제자들과 함께하시면서 그들에게 주님의 삶과 존재에 대해 깨우쳐 주셔서 그들은 주님이 이 세상에 계시는 동안 체험한 것보다 더 친밀한 교제를 주님과 나누게 될 것이라고 약속하셨다.

이 약속에 대해 아직 잘 모르는 사람들이 많지만 이 약속은 이제 모든 성도의 상속물이다. 우리를 영원토록 사랑하셔서 십자가를 지신 예수 그리스도는 우리와 늘 친교하길 원하시며, 우리가 주님과의 교제의 기쁨을 누리길 바라신다. 우리는 새 신자들에게 "주님은 당신을 무척 사랑하시기 때문에 당신이 주님의 사랑을 체험할 수 있도록 언제나 당신 곁에 계십니다"라고 설명해 주어야 한다. 기도 생활, 순종의 삶, 거룩한 삶을 영위하지 못하는 자신의 무력함을 탓하는 성도는 주님의 약속을 기억해야 한다. 이 약속만이 우리에게 세상을 이기며 주님을 위하여 뭇 영혼을 구할 수 있는 능력을 부여한다.

하나님의 전능성

하나님의 권능은 놀랍다! 우리는 하나님이 창조하신 우주 만물과 구약 성경에 기록된 각종 기사와 이적을 통해 하나님의 권능을 목도한다. 또한 하나님이 그리스도를 통해 행하신 놀라운 일들, 특히 죽었다가 다시 살아나신 그리스도의 부활에서 하나님의 권능을 확인한다. 우리는 하나님 아버지를 믿듯이 독생자 예수 그리스도를 믿으라고 부름받았다. 우리를 사랑하셔서 우리 곁에 계시는 예수 그리스도는 불가능한 일이 전혀 없는 전능자이시다. 우리 예수님은 주님의 뜻에 복종하지 않는 우리 마음이나 육신을 굴복시키실 것이다. 전능하신 주님은 성경에 약속된 모든 것과 새 언약의 자녀인 우리의 모든 상속물을 우리에게 주실 수 있다. 나는 주님 앞에 무릎 꿇고 기도할 때 하나님의 영원불변한 능력을 접한다. 예수님을 위해 헌신할 때 영원불변한 권능을 지닌 주님이 나를 보호하시며, 나를 위해 모든 것을 성취하시리라고 확신한다. 우리가 각자의 골방에서 기도하기만 하면 예수님의 현존을 생생히 체험할 수 있을 것이다. 우리가 믿음으로 전지전능하신 주님과 계속 교제할 수 있다는 사실은 얼마나 복된 삶인가!

하나님의 숭고한 사랑

 이것은 하나님이 우리를 위하여 전심으로 자신의 모든 속성을 드러내셨으며, 자신을 우리에게 주셨음을 의미한다. 하나님의 온전한 사랑이 그리스도를 통해 계시되었다. 그리스도는 하나님의 사랑의 선물이자 능력이다. 예수님은 십자가에 달려 보혈을 흘리며 죽으심으로 자신의 사랑을 보여 주셨다. 우리로 하여금 그 사랑을 믿게 하신 예수님은 우리의 기도 처소에서 우리를 만나 주신다. 주님은 그 곳에서 우리에게 주님과의 교제가 결코 단절될 수 없다는 확신을 주신다. 우리는 주님을 통해 그 확신을 실제로 체험하게 될 것이다. 죄를 정복하기 위해 모든 것을 희생하신 하나님의 숭고한 사랑은 우리를 죄에서 구원하신 그리스도에게서 구현되었다. 주님이 하신 말씀을 기억하라.

"내가 아버지 안에 거하고 아버지께서 내 안에 계심을 믿으라 그렇지 못하겠거든 행하는 그 일로 말미암아 나를 믿으라" (요 14:11).

"그는 진리의 영이라 세상은 능히 그를 받지 못하나니 이는 그를 보지도 못하고 알지도 못함이라 그러나 너희는 그를 아나니 그는 너희와 함께 거하심이요 또 너희 속에 계시겠음이라"(요 14:17).

이 말씀은 기도 생활의 비결이다. 각자의 기도 처소에서 무릎 꿇고 하나님을 예배하라. 주님이 자신을 계시하시며, 당신을 사로잡고, 주님과 동행하는 삶을 사는 사람은 어떤 사람인지 깨우쳐 줄 때까지 기다려라.

지속적으로 기도하는 방법을 알고 싶은가? 여기에 그 비결이 있다. 하나님의 독생자, 예수 그리스도를 믿어라. 그리고 항상 당신 곁에 계시는 영원불변하시며, 전능하시고, 영원토록 당신을 사랑하시는 주님 앞에 조용히 무릎 꿇고 기도하라. 그러면 예전에 알지 못했던 것을 체험하게 될 것이다. 하나님은 주님을 사랑하는 자들을 위해 이 복을 허락하실 것이다.

하나님은 주의 자녀들과 일꾼들에게 믿음을 주셔서
그들이 하나님의 위대하심과 전능하심을 이해하고 의지하게 하신다.

6. 지속적인 기도의 유익

기도하지 않는 죄를 해결하고 계속적으로 기도하는 방법을 이해한다면, 그에 따른 자유의 결실은 무엇이겠는가? 이 진리를 부여잡은 사람은 새로운 열정과 인내로 계속 자유를 추구할 것이다. 그의 삶과 체험은 그가 너무나 소중한 것을 획득하였음을 보여 줄 것이다. 그는 승리함으로써 누리는 복을 증거하는 산 증인이 될 것이다.

하나님과 지속적으로 교제하는 복

우리의 지난 삶의 특징인 비난과 자기 정죄가 사라질 것이라는 하나님 안에서의 확신에 대해서 생각해 보라. 우리가 하나님의 형상대로 지음 받았으며 날마다 그분과 교통하는 삶을 살고 있음을 증명하듯, 하나님의 놀라운 은혜가 우리의 모든 삶에 영향을 끼치고 있다는 확실한 자각에 대해 생각해 보라. 우리의 무가치함에도 불구하고 우리는 하나님의 자녀로서 그분과 교통하는 삶을 살고 있으며, 예수님이 이 땅에 계시는 동안 보여 주신 그분의 성품을 우리가 일부분이나마 드러내고 있음을 생각해 보라. 기도하는 시간이야말로 하루 중 가장 행복한 시간이며, 하나님이 그 시간에 주님의 뜻을 이루기 위해 우리를 사용하시며, 우리를 이웃과 세상을 위한 축복의 샘이 되게 하신다는 사실을 생각해 보라.

우리의 소명을 감당할 수 있는 능력

설교자는 성령의 힘으로 하나님의 말씀을 받아 회중에 전달하는 법을 터득할 것이다. 그는 교인들을 심방하며 그들이 주님의 사랑을 실천할 수 있도록 돕는 데 필요한 사랑과 열심을 어디서 채울 수 있는지 알게 될 것이다. 그는 사도 바울처럼 "내게 능력 주시는 자 안에서 내가 모든 것을 할 수 있느니라"(빌 4:13)고 고백할 것이다. 우리는 모든 일에 우리를 사랑하시는 이로 말미암아 넉넉히 이긴다. 우리는 모든 사람을 하나님과 화해시키도록 부름받은 그리스도의 대사이다. 이것은 헛된 꿈이나 망상이 아니다. 하나님이 우리 개개인에게 주신 은사나 소명은 바울에게 주신 것과는 다르지만 우리는 주님을 위해 각자 맡은 일을 하기에 충분한 능력을 받았음을 경험적으로 알고 있다.

소명 의식

온 교회와 세상을 위해 기도해야 할 우리는 확실한 소명 의식이 있어야 한다. 사도 바울은 성도들에게 모든 사람을 위해 기도하라고 촉구하였으며, 그가 한 번도 만나 보지 못한 사람들을 위하여 둘러멘 자신의 짐에 대하여 얘기하였다. 바울은 시간과 장소에 제약받는 존재였지만 구세주를 전혀 알지 못하는 사람들을 위해 성령 안에서 그리스도의 이름으로 중보 기도하는 능력을 소유하였다. 그는 가까이 있는 사람이든 멀리 있는 사람이든 이 세상 모든 사람을 사랑하며, 그들을 위하여 쉬지 않고 기도하는 삶을 살았다. 우리 역시 하늘의 복이 이 땅에 임하도록 예수 그리스도의 이름으로 기도하지 않는다면, 하나님의 능력을 받을 수 없다.

목회자와 선교사들은 하나님의 은혜로 말미암아 온전한 믿음과 기쁨으로 기도한다. 우리도 그렇게 기도할 때 우리의 전도 사역, 기도 모임, 다른 사람들과의 친교가 얼마나 달라지겠는가! 우리의 기도 처소에 능력이 임하며, 하나님과 교통함으로 거룩해지고, 그리스도를 통하여 부어 주시는 하나님의 사랑을 풍성히 누리지 않겠는가! 그리고 다른 성도들에게 중보 기도에 힘쓰라고 권면하지 않겠는가! 전 교회와 불신자들에게 끼치는 참된 믿음과 기도의 영향력이 얼마나 크겠는가! 우리는 하나님이 주님의 몸 된 교회를 위하여 이 세상에서 우리를 사용하신다는 사실을 알고 있지 않는가! 기도하지 않는 부끄럽기 그지없는 삶을 극복하기 위해 하나님께 밤낮으로 부르짖으며 모든 것을 희생하는 것이 무가치한 일인가?

왜 이상의 사실을 언급하며, 하나님이 우리에게 주실 능력을 앗아가는 '기도하지 않는 죄'를 정복하는 복에 대해 이토록 강조하고 있는가? 그 이유는 하나님의 약속과 권능에 대해 잘 모르는 사람들이 많기 때문이다. 우리는 퇴보하기 쉬우며, 하나님의 능력을 제한하기 쉽고, 하나님을 위하여 우리가 눈으로 보는 것 이상의 큰일을 할 수 없다고 생각하기 쉽다. 우리가 기도하는 가운데 하나님에 대해 새롭게 아는 것은 영광스러운 일이다. 그러나 이것은 시작에 불과하다. 하나님이 전능자이심을 알고, 하나님이 자신을 찾는 자들에게 주고 싶어하시는 좋은 것, 새로운 것들을 받고자 전심으로 성령을 기다리는 것은 더 영광스러운 일이다. 하나님은 주의 자녀들과 일꾼들에게 믿음을 주셔서 그들이 하나님의 위대하심과 전능하심을 이해하고 의지하게 하신다. 그러므로 우리는 이렇게 말할 수 있다.

> "우리 가운데서 역사하시는 능력대로 우리가 구하거나 생각하는 모든 것에 더 넘치도록 능히 하실 이에게 교회 안에서와 그리스도 예수 안에서 영광이 대대로 영원무궁하기를 원하노라 아멘"(엡 3:20-21).

우리에게 위대하고 영광스러운 하나님이 계시다니 이 얼마나 감사한가! 아마 당신은 이런 질문을 할 것이다. "승리가 도리어 우리를 경솔하고 교만하게 하는 올가미로 작용하면 어쩌지요?" 물론 그럴 가능성도 있다. 이 세상에서 최상의 것, 최고의 것은 언제든지 우리를 교만하게 할 수 있다. 그렇다면 어떻게 해야 그러한 위험에서 벗어날 수 있는가? 하나님과 교통하는 진실한 기도 외에는 다른 해결책이 없다. 하나님의 거룩하심과 끊임없는 기도는 우리의 죄성을 해결해 줄 것이다. 하나님의 전능하심과 위대하심은 우리의 무가치함을 깨닫게 해 줄 것이다. 예수 그리스도 안에서 이루어지는 하나님과의 교제는 우리에겐 선한 것이 전혀 없으며 오직 믿음만으로 하나님과 교제할 수 있음을 깨닫고 그리스도처럼 겸손하게 처신하도록 해 줄 것이다.

기도는 단순히 하나님께 무엇을 요구하기 위해 그분에게 나아오는 것이 아니다. 기도는 무엇보다 하나님과 교제하는 것이며, 하나님이 우리를 사로잡으시고 우리의 성품을 그리스도의 낮아지심으로 인치실 때까지 그분의 거룩함과 사랑의 능력에 완전히 복속하는 것이다. 그리고 이것이 참된 예배의 비결이다.

우리는 우리 안에 그리스도께서 사시므로 "내 안에 그리스도께서 사신 것이라"고 고백할 수 있는 사람들처럼, 그리스도와 함께 죽음으로 육신의 삶을 완전히 포기한 자들로서 예수 그리스도 안에서 하나님 아버지 앞에 나아간다.

예수님이 우리를 기도하지 않는 죄에서 구하기 위해 우리 안에서 행하신 일은 기도함으로 누릴 수 있는 기쁨과 날마다 기도하는 완전한 삶을 위한 것이다. 우리는 주님을 통하여 하나님 아버지께 나아간다. 이 완전한 영적 삶에서는 그리스도만이 모든 것이 되신다. 우리는 사람을 보는 것이 아니라 오직 예수님만을 바라본다.

하나님은 우리를 위하여 승리와 상상조차 할 수 없는 복이 예비되어 있음을 믿도록 힘을 주실 것이다. 하나님은 주님을 사랑하는 사람들을 위하여 이 일을 하실 것이다. 그러나 이 일은 단번에 이루어지지 않는다. 하나님은 주님의 자녀를 향해 오래 참으신다. 하나님은 우리의 더딘 진보에 대하여 참을성이 많은 아버지처럼 인내하시므로 주의 자녀는 성경에 약속된 복을 누리게 된다. 우리의 믿음이 강할수록 우리는 끝까지 인내할 것이다.

**성령께서 우리를 전적으로 주장하시고 우리에게 자기 생명을
구현하심으로써 우리가 영적으로 완전히 변화되도록,
자신을 그분께 온전히 내놓아야 한다.**

7. 삶을 풍성하게 하는 기도

우리 주님은 자기 양들을 위해 자신의 생명을 주러 왔다고 말씀하시면서 더 풍성한 삶에 대해 얘기하셨다.

"도둑이 오는 것은 도둑질하고 죽이고 멸망시키려는 것뿐이요 내가 온 것은 양으로 생명을 얻게 하고 더 풍성히 얻게 하려는 것이라"(요 10:10).

사람이 생명을 부지하고 있지만 영양분이 부족하거나 병들었다면 그는 풍성한 삶을 누리지 못할 것이다. 이것이 구약과 신약의 차이점이다. 구약에는 율법 아래의 삶이 있었을 뿐 신약의 풍성한 은혜가 없었다. 예수 그리스도께서 제자들에게 생명을 주셨지만, 그들은 주님의 부활과 성령의 은사를 통해서만 풍성한 삶을 누릴 수 있었다.

진정한 크리스천들은 모두 그리스도에게 생명을 받았다. 그러나 주님이 주시려고 하는 더 풍성한 삶에 대해 알지 못하는 사람들이 많다. 바울은 끊임없이 풍성한 삶에 대해 얘기하였다. 그는 하나님이 자기에게 베푸신 은혜가 넘쳐흘렀다고 말하였다.

"내게 능력 주시는 자 안에서 내가 모든 것을 할 수 있느니라" (빌 4:13).

"항상 우리를 그리스도 안에서 이기게 하시고 우리로 말미암아 각처에서 그리스도를 아는 냄새를 나타내시는 하나님께 감사하노라"(고후 2:14).

"이 모든 일에 우리를 사랑하시는 이로 말미암아 우리가 넉넉히 이기느니라"(롬 8:37).

우리는 지금까지 기도하지 않는 죄, 그 죄에서 벗어남의 의미, 그 죄를 해결하는 방법에 대해 살펴보았다. 이 모든 요지는 그리스도께서 하신 말씀에 잘 나타나 있다.

"도둑이 오는 것은 도둑질하고 죽이고 멸망시키려는 것뿐이요 내가 온 것은 양으로 생명을 얻게 하고 더 풍성히 얻게 하려는 것이라"(요 10:10).

참된 기도 생활을 하려면 늘 풍성한 삶을 체험해야 하므로 주님이 말씀하신 풍성한 삶에 대해 이해하는 것이 중요하다. 우리는 그리스도께서 도와주실 것을 기대하면서 그분을 의지하는 가운데, 기도하지 않음에 맞서 싸우지만 여전히 낙심할 수 있다. 바로 이때야말로 기도하지 않음을 반드시 해결해야 할 죄로 간주해야 할 시점이다. 우리는 기도하지 않는 것이 육신의 삶의 한 부분이며 다른 죄의 원인임을 깨달아야 한다. 그러나 우리는 육신과 그 소욕을 십자가에 못 박았으며 죽음에 내어준 것으로 간주해야 한다는 사실을 잊어버렸다. 우리는 나약한 삶에 만족해서는 안 되며 풍성한 삶을 추구해야 한다. 성령께서 우리를 전적으로 주장하시고 우리에게 자기 생명을 구현하심으로써 우리가 영적으로 완전히 변화되도록, 자신을 그분께 온전히 내놓아야 한다.

그렇다면 주님이 말씀하신 풍성한 삶이란 어떤 것인가? 그것은 예수님이 성령의 능력을 통해 우리의 삶을 전적으로 주장하시는 것을 의미한다. 풍성한 삶에 대하여 이외에 달리 설명할 길이 없다. 성령 충만과 그리스도께서 우리에게 베푸시는 풍성한 삶은 세 가지 측면으로 이루어진다.

1. 십자가에 못 박힌 삶

예수님은 우리 죄를 사하시려고 우리를 위하여 죽으셨을 뿐 아니라 자신과 함께 우리를 십자가에 못 박으셨다. 이제 그분은 우리에게 자신의 십자가와 대속 죽음의 능력을 발휘하고 계신다. 그러므로 그리스도와 교제하고 있는 당신은 이렇게 고백할 수 있다.

"내가 그리스도와 함께 십자가에 못 박혔나니 그런즉 이제는 내가 사는 것이 아니요 오직 내 안에 그리스도께서 사시는 것이라 이제 내가 육체 가운데 사는 것은 나를 사랑하사 나를 위하여 자기 자신을 버리신 하나님의 아들을 믿는 믿음 안에서 사는 것이라"(갈 2:20).

주님의 성품, 십자가에 달려 죽기까지 낮아지고 순종하심은 그저 우리의 교훈거리가 아니라, 우리 역시 주님과 똑같은 삶에 참여하고 있음을 알려 준다. 성령께서 당신을 온전히 주장하셔서 십자가에 못 박히신 그리스도께서 당신 안에 거하시길 원하는가? 이것은 성령께서 해야 할 일이므로 그분은 자신에게 순복하는 성도들을 위하여 반드시 그렇게 해 주실 것이다.

2. 그리스도와 함께 부활한 삶

성경은 하나님의 권능이 그리스도 안에서 역사한 것과 관련해 주님의 부활에 대해 자주 언급하고 있다.

"그의 힘의 위력으로 역사하심을 따라 믿는 우리에게 베푸신 능력의 지극히 크심이 어떠한 것을 너희로 알게 하시기를 구하노라 그의 능력이 그리스도 안에서 역사하사 죽은 자들 가운데서 다시 살리시고 하늘에서 자기의 오른편에 앉히사"(엡 1:19-20).

이 말씀을 슬쩍 읽고 지나치지 말고 다시 한번 꼼꼼히 읽어 보라. 자신이 무력하며 나약하다고 느끼더라도 전능하신 하나님이 당신에게 역사하고 계심을 인정하라. 이 사실을 믿으면 날마다 하나님의 독생자이신 예수 그리스도의 부활에 참예하게 될 것이다.

성령께서 이 세상의 온갖 시련과 유혹의 와중에서도 날마다 올바른 삶을 살 수 있도록 그리스도의 부활의 기쁨과 승리를 당신에게 가득 채워 주실 것이다. 주님의 십자가 앞에서 당신의 자아를 철저히 부인하라. 하나님은 성령을 통해 당신이 거룩한 삶을 살도록 하실 것이다. 그러나 우리는 자신을 그리스도와 함께 십자가에 못 박고, 그분과 함께 부활하며, 그분의 삶과 죽음을 따르도록 하는 것이 전적으로 성령의 역사임을 제대로 이해하지 못하고 있지 않은가!

3. 영광스러운 삶

영화로우신 그리스도는 성령 세례를 받으신 분이다. 예수님은 성령 세례를 받을 때 요단 강에서 겸손히 요한의 물

세례, 즉 죄인들을 위한 세례를 받으셨다. 예수님은 대속 사역을 행하실 때 십자가 위에서 "흠 없는 자기를 하나님께" 드리기까지 그 사역을 위하여 성령을 받으셨다. 영화로우신 그리스도께서 당신에게 성령 세례를 베풀어 주시길 원하는가? 그렇다면 죄인들이 하나님 아버지의 사랑을 깨닫도록 하시는 그리스도의 사역을 위하여 자신을 온전히 주님께 드려라.

하나님은 우리가 영화로우신 예수님으로부터 성령의 능력을 받는 것이 큰 복임을 이해하도록 도와주신다. 여기서 말하는 '성령의 능력'이란 그리스도를 위하여 헌신하며 고난조차 감내하는 자원하는 심령을 의미한다. 당신은 주님을 알고 있으며 그분을 사랑하고, 주님을 위하여 일하며 그로 인한 복을 누리고 있지만, 주님은 당신에게 더 큰 것을 주고 싶어하신다. 주님은 성령의 능력으로 우리와 우리 주위의 형제자매들 그리고 목회자들에게 역사하심으로 우리 심령에 경배와 찬양이 넘쳐나도록 하실 수 있다.

얼마 전에 "되는 대로 살아라!"라는 의미심장한 문구를 읽은 적이 있다. 좁은 생각으로 자기 삶을 제한하지 마라. 하나님의 말씀대로 살며, 예수님의 무한하신 사랑과 신실하심을 좇아 살아라. 비록 우리의 발걸음이 더디며 비틀거릴 때가 많아도 하나님이 우리 안에서 주님의 일을 성취하실 것이라는 확신 때문에 항상 하나님께 감사할 수 있다.

성도의 삶은 춤추며, 뛰어오르고, 도전하는 삶이다.
- 유진 피터슨

영혼을 구하는 거룩한 사역을 감당하려면
하나님과의 교제를 통해 끊임없이 새 힘을 얻어야 한다.

8. 예수님의 기도

기도 생활과 영적인 삶은 불가분의 관계이다. 우리는 기도를 통해 성령을 받으며, 끊임없는 기도 생활은 영적인 삶을 위해 꼭 필요한 것이다. 쉬지 않고 기도할 때야 비로소 지속적으로 성령의 인도를 받는다고 확신한다. 이러한 사실은 예수님의 삶에서도 분명히 드러난다. 주님의 생애를 살펴보면 기도의 능력에 대해 확실히 알 수 있다.

주님이 받으신 세례에 대해 살펴보자. 주님께서 세례 받으시고 기도하실 때 하늘이 열리며 성령께서 그분에게 임하셨다. 그리스도께서 요단 강에서 죄인의 세례를 받으신 것은 죄인의 죽음을 감내하신 것이었다. 하나님은 주님이 성취해야 할 사역을 위해 그분에게 성령의 은사를 주려고 하셨으나 주님이 기도하기 전에는 성령을 주실 수 없으셨다. 하늘로부터 임한 성령께서 주님을 광야로 인도하여 그곳에서 사십 일 동안 금식 기도하게 하셨다. 마가는 주님의 기도 생활에 대해 이렇게 증거하고 있다.

> "저물어 해 질 때에 모든 병자와 귀신 들린 자를 예수께 데려오니 온 동네가 그 문 앞에 모였더라 예수께서 각종 병이 든 많은 사람을 고치시며 많은 귀신을 내쫓으시되 귀신이 자기를 알므로 그 말하는 것을 허락하지 아니하시니라 새벽 아직도 밝기 전에 예수께서 일어나 나가 한적한 곳으로 가사 거기서 기도하시더니"(막 1:32-35).

예수님은 아침부터 해질 때까지 일하시느라 피곤하셨다. 예수님은 각종 병든 사람들을 고치시며 많은 귀신을 내어쫓느라 몹시 피곤하셨다. 그러나 주님은 다른 사람들이 잠든 동안 기도하는 가운데 하나님 아버지와 교통함으로 새 힘을 얻기 위해 한적한 곳을 찾으셨다. 주님은 하나님과 교통하는 시간이 필요하셨으며, 기도하지 않고서는 새날을 맞을 준비를 할 수 없으셨다. 이처럼 영혼을 구하는 거룩한 사역을 감당하려면 하나님과의 교제를 통해 끊임없이 새 힘을 얻어야 한다. 예수님이 열두 제자를 부르신 것에 대해 누가는 이렇게 기록하였다.

"이 때에 예수께서 기도하시러 산으로 가사 밤이 새도록 하나님께 기도하시고 밝으매 그 제자들을 부르사 그 중에서 열둘을 택하여 사도라 칭하셨으니"(눅 6:12-13).

이 말씀은 누구든지 하나님의 일을 하고 싶어하는 사람이라면 그분의 지혜와 능력을 얻기 위해 기도하는 가운데 하나님과 교제해야 함을 일깨워 준다. 우리가 경험하는 인간적인 나약함과 무력함은 하나님이 우리에게 자신의 권능을 보여 주실 기회이다. 그리스도를 따를 사도들을 선택하는 것은 초대 교회의 사역을 위하여 매우 중요한 일이었다. 하나님은 주님이 기도하신 후에 택하신 열두 제자를 축복하시며 승인하셨다.

"예수께서 따로 기도하실 때에 제자들이 주와 함께 있더니 물어 이르시되 무리가 나를 누구라고 하느냐…예수께서 이르시되 너희는 나를 누구라 하느냐 베드로가 대답하여 이르되 하나님의 그리스도시니이다 하니"(눅 9:18, 9:20).

"예수께서 대답하여 이르시되 바요나 시몬아 네가 복이 있도다 이를 네게 알게 한 이는 혈육이 아니요 하늘에 계신 내 아버지시니라"(마 16:17).

베드로의 신앙 고백은 기도의 결실이었다.

"이 말씀을 하신 후 팔 일쯤 되어 예수께서 베드로와 요한과 야고보를 데리고 기도하시러 산에 올라가사 기도하실 때에 용모가 변화되고 그 옷이 희어져 광채가 나더라 문득 두 사람이 예수와 함께 말하니 이는 모세와 엘리야라 영광 중에 나타나서 장차 예수께서 예루살렘에서 별세하실 것을 말할새 베드로와 및 함께 있는 자들이 깊이 졸다가 온전히 깨어나 예수의 영광과 및 함께 선 두 사람을 보더니 두 사람이 떠날 때에 베드로가 예수께 여짜오되 주여 우리가 여기 있는 것이 좋사오니 우리가 초막 셋을 짓되 하나는 주를 위하여, 하나는 모세를 위하여, 하나는 엘리야를 위하여 하사이다 하되 자기가 하는 말을 자기도 알지 못하더라 이 말 할 즈음에 구름이 와서 그들을 덮는지라 구름 속으로 들어갈 때에 그들이 무서워하더니 구름 속에서 소리가 나서 이르되 이는 나의 아들 곧 택함을 받은 자니 너희는 그의 말을 들으라 하고 소리가 그치매 오직 예수만 보이더라 제자들이 잠잠하여 그 본 것을 무엇이든지 그 때에는 아무에게도 이르지 아니하니라"(눅 9:28-36).

그리스도께서는 제자들의 믿음을 강화하기 위해 자신이 하나님의 아들임을 확인시켜 주고 싶어하셨다. 제자들에게 자신이 누구인지를 계시하기 위해 하나님께 드린 예수님의 기도는 변화산에서 응답되었다. 이 사건은 하나님의 뜻이 이 땅에서 이루어지려면 우리의 기도가 필요하다는 사실을 보여 주고 있지 않는가? 그리스도께서 하나님의 뜻을 이루기 위해 기도할 수밖에 없었듯이 우리 성도들도 마찬가지이다. 하나님의 응답을 믿고 기도하는 사람은 결코 수치를 당하지 않을 것이다.

"예수께서 한 곳에서 기도하시고 마치시매 제자 중 하나가 여짜오되 주여 요한이 자기 제자들에게 기도를 가르친 것과 같이 우리에게도 가르쳐 주옵소서"(눅 11:1).

이때 예수님은 제자들에게 주기도문을 가르쳐 주셨다.

"예수께서 이르시되 너희는 기도할 때에 이렇게 하라 아버지여 이름이 거룩히 여김을 받으시오며 나라가 임하시오며 우리에게 날마다 일용할 양식을 주시옵고 우리가 우리에게 죄 지은 모든 사람을 용서하오니 우리 죄도 사하여 주시옵고 우리를 시험에 들게 하지 마시옵소서 하라"(눅 11:2-4).

주님은 이 기도문에서 하나님의 이름이 거룩히 여김받으며, 하나님 나라가 임하며, 하나님의 뜻이 "하늘에서 이루어진 것 같이 땅에서도 이루어지이다"라고 기도하셨다. 어떻게 하나님의 뜻이 하늘에서 이루어진 것 같이 땅에서도 이루어질 수 있는가? 그것은 바로 우리의 기도를 통해 이루어질 것이다. 나이, 성별, 인종 등을 불문하고 수많은 성도들이 암송하는 주기도문은 우리 심령에 무한한 기쁨과 위로와 확신을 안겨 준다. 이 기도문은 예수님의 기도의 결실임을 잊지 마라. 주님은 늘 기도하셨기 때문에 제자들의 요구에 응하여 주기도문을 가르쳐 줄 수 있으셨다.

"내가 아버지께 구하겠으니 그가 또 다른 보혜사를 너희에게 주사 영원토록 너희와 함께 있게 하리니"(요 14:16).

성령의 도래는 예수님의 기도의 결과이다. 하나님이 우리에게 성령의 은사를 주려고 계획하셨지만 성령의 도래는 우리 예수님과 그 후 제자들의 기도에 대한 하나님의 응답이었다. 기도하는 가운데 하나님과 함께하는 시간을 가진 주님과 마찬가지로 우리도 하나님께 무릎 꿇고 기도하면 반드시 응답을 받을 것이다.

요한복음 17장에 기록된 예수님의 숭고한 기도를 읽어 보라. 주님은 먼저 자신에게 십자가를 질 수 있는 힘을 주시며, 죽은 자들 가운데서 살아나게 하시고, 자신을 하나님의 오른편에 앉히심으로 하나님을 영화롭게 해달라고 기도하셨다. 이 모든 일은 오직 기도로서만 성취할 수 있는 일이었다. 기도는 이 모든 것을 성취하는 능력이었다.

이어서 주님은 하나님 아버지께 제자들을 사탄과 세상 권세로부터 지켜 주시며 그들을 거룩하게 해달라고 기도하셨다. 그리고 한 걸음 더 나아가 하나님의 말씀을 통해 주님을 믿는 모든 사람을 위하여 기도하시며, 아버지와 아들이 하나이듯이 그들도 하나가 되게 해달라고 간구하셨다. 이러한 사실은 하늘의 모든 복이 하나님의 오른편에 앉으셔서 우리를 위하여 기도하시는 예수님의 기도로 말미암아 우리에게 주어지는 것임을 증거한다. 또한 이 모든 복을 받으려면 우리 역시 기도해야 함을 깨우쳐 준다. 하나님은 우리가 기도의 능력을 믿고 전심으로 기도할 때 응답하신다.

이제 가장 극적인 장면을 살펴보자. 우리 주님은 겟세마네 동산에서 평소 습관대로 기도하시면서 자신이 이 땅에서 해야 할 일을 하나님 아버지와 상의하셨다. 주님은 처음에 무척 괴로워하시면서 자신이 마셔야 할 잔을 피하게 해달라고 간구하셨다. 그러나 그 잔을 피할 수 없음을 이해하셨을 때 주님은 그 잔을 마실 수 있는 힘을 달라고 기도하시면서 "아버지의 원대로 되기를 원하나이다"라고 말씀하셨다. 그리하여 주님은 담대히 원수를 맞이하셨으며 하나님이 주신 능력을 힘입어 십자가에 달려 대속의 죽음을 당하셨다. 우리 주님은 이상과 같이 기도하셨다.

왜 우리는 우리의 뜻을 하나님의 뜻에 순복하며, 우리의 연약함에도 불구하고 하나님의 일을 힘 있게 감당하기 위해 기도하는 믿음이 부족한가? 만일 예수님도 항상 기도하지 않으셨다면, 영적인 삶과 능력의 근원이신 하나님과 동행하며, 하나님의 인도를 받으며, 하나님과 친밀한 교제를 나누면서 즐겁고 충성스럽게 하나님의 일을 감당하지 못하셨을 것이다.

주님도 늘 기도하셨음을 기억하라. 그리고 성령의 인도를 구하기 위해 기도하며, 주 예수 그리스도께서 모든 성도에게 주시고 조력하시는 삶에 대해 가르쳐 주는 성경을 공부하라. 우리는 매일 기도해야 한다. 목회자들은 주님이 하신 방법 외에 다른 방법으로 주님의 일을 하려고 해 봤자 아무 소용없음을 깨달아야 한다. 그리고 평신도들은 주님의 이름과 성령으로, 주님과 하나 되어 세상을 위하여 기도해야 한다.

우리는 어떻게 기도해야 하는지, 무엇을 위해 기도해야 하는지
모른다. 하나님은 이러한 우리의 무력함을 아시고
우리를 위하여 간구하시는 성령을 주셨다.

9. 성령의 간구

성령에 대한 우리의 생각이 슬픔이나 자책감과 연관되어 있어 유감스럽지 않은가? '보혜사'로 불리는 성령님은 우리가 그리스도 안에서 무한한 기쁨과 즐거움을 발견하도록 인도하시는 분이다. 그러나 우리의 육신은 성령께서 사랑의 사역을 성취하지 못하도록 방해하기 때문에, 우리 안에 거하셔서 우리를 위로하시는 성령께서 종종 근심하시는 것은 슬픈 일이다. 성령님은 성도들이 기도하지 않으면 이루 말할 수 없는 고통을 당하신다. 우리는 성령께서 우리를 인도하도록 하지 못하기 때문에 힘을 잃고 무력감에 빠질 때가 많다.

그러므로 성령의 사역에 대해 살펴보면 기쁨을 되찾고 우리의 믿음을 강화할 수 있을 것이다. 성령은 기도의 영이시다. 성령님은 스가랴 12:10에서 "은총과 간구하는 심령"으로 불리고 있다. 사도 바울은 서신서에서 기도와 관련하여 성령을 언급하였다.

> "너희는 다시 무서워하는 종의 영을 받지 아니하고 양자의 영을 받았으므로 우리가 아빠 아버지라고 부르짖느니라"(롬 8:15).

> "너희가 아들이므로 하나님이 그 아들의 영을 우리 마음 가운데 보내사 아빠 아버지라 부르게 하셨느니라"(갈 4:6).

"아빠 아버지"라는 말에 대해 숙고한 적이 있는가? 우리 주님은 하나님을 가리켜 "아빠 아버지"라고 부르시면서 자기 목숨을 내놓고 하나님께 간절히 기도하셨다. 하나님은 우리가 크리스천으로서의 새 삶을 시작할 때부터 하나님을 어린아이처럼 "아빠 아버지"라고 부르며 믿고 의지할 수 있도록 우리를 가르치기 위하여 성령을 주신다. 성경은 우리가 부르짖으면 성령께서도 우리를 위하여 부르짖으신다고 말씀하고 있다. 기도할 때 이처럼 하나님과 인간이 협력하다니 얼마나 멋진 일인가! 어린아이가 육신의 아버지에게 부르짖는 것이 자연스럽고 효력이 있듯이 우리가 "아빠 아버지"라고 부르면서 기도하면 하나님은 반드시 우리 기도에 응답하신다.

하나님이 우리를 위해 예비하신 것을 구하는 데 있어 그것을 버거운 짐으로 간주하고 있다면 우리가 성령을 자신과 무관한 존재로 여기고 있다는 증거가 아닌가? 우리가 기도하지 않는 까닭은 하나님 아버지께서 우리에게 기도하도록 가르치기 위해 보내신 보혜사 성령을 무시하며 불순종하기 때문이 아닌가? 이 사실을 좀 더 명확하게 이해하고 싶으면 로마서 8:26-27을 읽어보라.

> "이와 같이 성령도 우리의 연약함을 도우시나니 우리는 마땅히 기도할 바를 알지 못하나 오직 성령이 말할 수 없는 탄식으로 우리를 위하여 친히 간구하시느니라 마음을 살피시는 이가 성령의 생각을 아시나니 이는 성령이 하나님의 뜻대로 성도를 위하여 간구하심이니라"(롬 8:26-27).

이제 분명히 이해하였는가? 우리는 어떻게 기도해야 하는지, 무엇을 위해 기도해야 하는지 모른다. 하나님은 이러한 우리의 무력함을 아시고 우리를 위하여 간구하시는 성령을 주셨다. 성령은 우리 생각이나 감정을 우리보다 더 잘 아시므로 하나님은 그분이 우리를 위하여 간구하시는 것을 들어 응답하신다.

그러므로 우리가 제일 먼저 해야 할 일은 스스로 중언부언하지 말고 성령께서 우리 안에서 역사하실 줄 확신하고 겸손히 하나님 앞에 무릎 꿇는 것이다. 이런 믿음이 있으면 우리는 성령을 경외하며 그분의 도우심을 의지하는 가운데, 우리가 원하며 필요한 모든 것을 하나님께 아뢸 수 있을 것이다. 매일 기도하기 위해 명심해야 할 점은 무엇보다 성령의 인도를 따르며 전적으로 그분을 의지해야 한다는 사실이다. 성령을 통하여 하나님께 드리는 기도는 너무나 소중하다. 당신은 성령을 통하여 그리스도의 이름으로 자신의 소원을 아뢰는 법을 배우게 될 것이다.

우리의 순전한 믿음은 기도를 게을리 하거나 낙심하지 않게 해 줄 것이다. 이 사실을 명심하라! 우리가 기도할 때마다 삼위일체 하나님은 각자의 역할을 감당하신다. 즉 하나님 아버지는 우리 기도를 들으시며, 우리는 성자 예수님의 이름으로 기도하고, 성령님은 우리 안에서 우리를 위하여 간구하신다. 그러므로 우리가 성령과 바른 관계를 유지하며 그분의 사역을 올바로 이해하는 것은 매우 중요하다. 다음 사실을 숙고하라.

1. 우리는 하나님의 아들의 영 곧 성령께서 우리 안에 계심을 확실히 믿어야 한다.

이 사실을 잘 알고 있으므로 재고할 필요가 없다고, 주제넘게 단정하지 마라. 오직 성령께서 우리 마음을 주장하게 하려면 이 사실을 다시 한번 숙고할 필요가 있다. "성령이 친히 우리 영으로 더불어 증거하시나니"(롬 8:16). 우리는 우리 마음이 성령의 전이며, 성령께서 우리 안에 거하시며 우리 마음과 몸을 주장하신다는 사실을 확신하여야 한다. 우리 안에 거하시는 성령께서 우리에게 일러 주시는 대로 기도할 때마다 하나님께 진심으로 감사하자. 감사는 우리가 하나님께 더 가까이 나아가며 그분과의 교제를 지속하게 해 줄 것이다. 감사는 우리가 자신을 주장하지 않고 성령께서 우리 마음을 주장하시도록 해 줄 것이다. 우리에게 하나님 아버지와 독생자 예수님을 증거해 주시는 성령을 떠나 영원하신 하나님과 교제하려고 하는 것은 어리석은 짓이다. 그렇기 때문에 우리는 성령 없이 기도하지 못한다.

2. 우리는 성령께서 우리 안에 거하시며 역사하신다는 사실을 확실히 믿을 뿐 아니라, 그분이 우리를 통해 성취하고 싶어하시는 다른 일들도 이해하여야 한다.

성령께서 우리의 기도를 통하여 행하시는 일은 그분이 하시는 다른 일들과 밀접한 연관이 있다. 앞에서 우리는 성령께서 제일 먼저 행하시는 가장 중요한 일은 그리스도를 증거하는 일임을 살펴보았다. 성령은 우리가 기도할 때마다 우리에게 그리스도의 보혈과 이름 등, 그분에 관한 모든 것을 끊임없이 상기시켜 주신다.

또한 거룩하신 성령께서는 우리가 죄를 깨닫고 죄를 미워하도록 지도하신다. 성령은 우리가 하나님의 무한하신 은혜 가운데 영적 비밀을 깨닫도록 해 주시는 빛과 지혜의 영이시다. 뿐만 아니라 우리가 그리스도의 증인과 뭇 영혼을 불쌍히 여기는 그리스도의 일꾼이 되게 하시는 사랑과 능력의 영이시다. 우리가 이 모든 영적 복을 누리면 누릴수록 성령께서 삼위일체 하나님이심을 더욱 확신할 수 있으며, 기도하는 가운데 성령의 인도를 전적으로 따르게 될 것이다. 성령께서 기도의 영이심을 알게 될 때, 우리의 삶이 얼마나 달라지겠는가!

3. 우리는 성령께서 우리의 삶을 전적으로 주장하고 싶어하심을 알아야 한다.

우리가 성령을 간구하면 할수록 성령께서는 우리의 원하심을 확신하며 더욱더 간절히 기도하게 될 것이다. 그때 성령께서는 우리를 전적으로 주장하실 것이다. 우리 영이 우리 몸을 거처로 삼고 주장하듯이 성령은 우리 몸과 영을 당신의 거처로 삼으시고 전적으로 주장하실 것이다. 성령의 인도하심에 자신을 완전히 내맡기기 전에는 어느 누구도 끊임없이 기도하기를 원하거나, 쉬지 않고 기도할 수 없다. "내가 전심으로 주를 찾았사오니." 우리가 온전히 성령의 인도를 따를 때, 성령께서는 이 말이 우리 삶의 좌우명이 되게 해 주실 것이다. 성령은 우리가 두 마음을 품는 것이야말로 죄란 사실을 깨우쳐 주신다. 성령은 오직 그리스도만이 우리를 모든 죄에서 구해 주시는 분이며, 항상 우리를 보호하시기 위해 우리 곁에 계심을 증거하신다. 성령은 우리로 기도하게 하시며, 우리가 자신을 주장하지 않도록 도와주신다. 대속 사역을 성취하신 예수 그리스도께서 교회의 원수를 갚아 달라고 지금 하나님께 밤낮으로 간구하고 있듯이 성령께서는 우리가 기도의 용사가 되도록 날마다 우리를 연단하신다.

하나님, 저희가 성령을 알며 기도의 영이신 성령을 경외하도록 도와주옵소서!

하나님이 영원 전부터 우리를 사랑하셨다면
틀림없이 앞으로도 영원히 우리를 사랑하실 것이다.
- 존 맥아더

그리스도께서 우리를 구원하기 위하여 대속의 죽음을 당하셨으며,
그분이 우리 죄를 용서하시고 새 생명을 주셨음을 기억하라.

10. 죄의 유혹

하나님의 은혜와 그리스도에 대해 정확히 이해하려면 먼저 죄가 무엇인지를 알아야 한다. 그렇다면 죄가 무엇인지를 어떻게 알 수 있는가? 바로 하나님의 빛과 그분의 말씀을 통해 알 수 있다.

성경을 살펴보자. 성경은 하나님이 우리를 자신의 형상과 모양대로 창조하셨으며, 우리를 지은 후 보시기에 심히 좋았다고 말씀하셨음을 증거한다. 그때 죄가 발생하였는데 그것은 하나님을 거역하는 행위였다. 범죄한 아담과 하와는 에덴 동산에서 쫓겨났고, 온 인류는 저주 아래 놓였으며,

모든 것이 황폐화되었다. 이것이 바로 죄의 결과였다.

이어서 노아와 아라랏 산에 닿은 방주 이야기를 살펴보자. 사람의 죄악이 세상에 관영하며 그 마음의 생각과 모든 계획이 악할 뿐임을 아신 하나님은 인류를 지면에서 쓸어버리기로 작정하셨다. 이것이 죄의 결과였다.

시내 산에서는 어떠하였는가? 하나님은 선민(選民) 이스라엘과 언약을 맺고 싶어하셨다. 그러나 인간의 죄 때문에 하나님은 모세조차 두려워 떤 우레와 번개, 빽빽한 구름 속에서 시내 산 정상에 강림하셨다. 하지만 율법을 다 주시기도 전에, 율법책에 모든 것을 마저 기록하지 못하게 한 자들에게 저주가 임하였다. 이것은 죄의 필연적 결과였다.

우리는 갈보리 산에서도 인간의 죄악을 목격한다. 세상과 벗한 악인들과 원수들은 하나님의 아들을 대적하고 그를 십자가에 못 박았다. 여기에서 인간의 죄는 절정에 달하였다. 죄의 권세를 깨뜨릴 수 있는 유일한 방법은 그리스도 자신이 인간의 죄를 대신 담당하고 저주받는 것뿐이었다. 주님은 겟세마네 동산에서 자신이 마셔야 할 잔을 놓고 무척 고민하며 기도하셨으며, 하나님께 버림받고 십자가의 고통을 당하셨을 때 "나의 하나님, 나의 하나님, 어찌하여 나를 버리셨나이까"라고 부르짖으셨다. 여기서 우리는 죄가 저주와 이루 말할 수 없는 고통을 초래한다는 사실을 똑똑히 알 수 있다. 그리스도께서 달리신 고통스러운 십자가를 기억한다면 우리는 죄를 미워하며 혐오할 수밖에 없을 것이다.

마지막으로, 하나님의 최후 심판 날에 악인들에게 임할 영원한 형벌을 살펴보자. 이 말씀을 명심하면 죄가 얼마나 끔찍한 것인지를 영원히 잊지 못할 것이다.

> "또 왼편에 있는 자들에게 이르시되 저주를 받은 자들아 나를 떠나 마귀와 그 사자들을 위하여 예비된 영원한 불에 들어가라"(마 25:41).

우리는 하나님의 자녀임을 기억해야 한다. 우리는 때때로 죄를 지으며, 죄의 유혹에 굴복할 것이다. 그때 심히 부끄러워하며 "화로다 나여, 죄 때문에 내게 저주가 임하리로다"라고 울부짖겠는가? 죄는 우리의 눈을 멀게 하여 죄의 본질을 깨닫지 못하게 할 정도로 강력하다. 그러므로 크리스천조차 완전하지 못하므로 매일 죄를 지을 수밖에 없다고 생각하며 핑계를 댄다. 습관적으로 죄를 짓기 때문에 이제 별다른 죄의식을 느끼지 못한다. 만일 정말로 죄책감을 느끼며 괴로워한다면 다시는 죄를 짓지 않을 것이다. 따라서 이것보다 더 중요한 물음은 없을 것이다. "어떻게 하면 잃어버린 양심을 회복하며, 하나님께 상한 심령을 내놓을 수 있는가?"

성경은 이 물음에 대해 우리에게 해답을 제시해 준다. 하나님이 죄에 대해 어떻게 생각하시는지를 기억하라. 죄를 미워하시는 거룩하신 하나님은 죄를 정복하고 우리를 죄로부터 구원하시려고 독생자 예수 그리스도를 대속 제물로 삼으셨다. 하나님의 거룩하심이 당신에게 빛을 발하며, 당신이 이사야처럼 "화로다 나여 망하게 되었도다"라고 부르짖을 때까지 하나님 앞에서 기다려라.

그리스도께서 우리의 죄 때문에 십자가에 달려 이루 말할 수 없는 고통을 당하셨음을 기억하라. 이것은 우리가 죄에 대해 올바로 자각하고 있지 못하여 기도하지 않고 제멋대로 행동한 결과이다.

그리스도께서 우리를 구원하기 위하여 대속의 죽음을 당하셨으며, 그분이 우리 죄를 용서하시고 새 생명을 주셨음을 기억하라. 우리가 그리스도의 그 사랑에 어찌 보답해야 하는지 물어보라. 하나님 앞에 무릎 꿇고 이런 질문을 드리면 성령께서는 우리가 완전히 새로운 시각으로 죄에 대해 이해하도록 해 주실 것이다. 그리스도의 보혈로 구속받은 우리는 그분이 십자가 위에서 죄를 이기고 거두신 승리의 상속자로서 새 삶을 시작하게 될 것이다.

이제 새 삶을 시작하면서 기도하지 않는 죄가 처음에 생각했던 것보다 더 심각한 영향을 가져왔음을 이해하였는가? 그동안 하나님과 피상적으로 교통하였기 때문에 죄의식이 무뎌져 죄를 미워하거나 멀리하지 못하였을 것이다. 하나님과의 겸손하고, 지속적이며, 개인적인 교제만이 하나님이 죄를 미워하시듯이 그분의 자녀인 당신도 죄를 미워해야 한다는 것을 깨우쳐 줄 수 있다. 살아 계신 그리스도와의 긴밀한 교제와 그분의 능력만이 당신으로 하여금 죄가 무엇인지를 이해하게 하고 죄를 미워하게 할 수 있다. 죄가 무엇인지를 분명히 이해하지 않고서는 그리스도께서 우리를 위하여 성취하신 승리를 누릴 수 없다.

**하나님이 거룩하신 분이라는 지식만이 우리를 거룩하게 할 수 있다.
우리가 기도 처소에서 하나님과 함께하는 시간을 갖지 않고서
어떻게 하나님에 대한 지식을 습득할 수 있겠는가?**

11. 하나님의 거룩하심

오늘날의 교회가 죄와 하나님의 거룩하심에 대한 개념을 망각하고 있다는 말을 종종 듣는다. 그러나 우리는 각자의 기도 처소에서 하나님의 거룩하심이 우리의 믿음과 삶을 주장하시도록 하는 법을 새로 배울 수 있다. 30분 동안 기도하면서 하나님과 교제하는 방법을 모른다면 그분의 거룩하심에 대해 묵상하라. 하나님 앞에 무릎 꿇고서 그분의 현존하심을 깨달으며, 하나님이 당신에게 말씀하실 수 있도록 시간을 내어 드려라. 처음에는 힘들겠지만 나중에는 큰 복으로 그 성격이 바뀔 것이다.

하나님의 거룩하심을 힘입으려면 그분의 말씀을 보라. 레위기를 읽고 하나님이 다섯 번이나 명하신 말씀을 주목하라.

> "나는 여호와 너희의 하나님이라 내가 거룩하니 너희도 몸을 구별하여 거룩하게 하고 땅에 기는 길짐승으로 말미암아 스스로 더럽히지 말라 나는 너희의 하나님이 되려고 너희를 애굽 땅에서 인도하여 낸 여호와라 내가 거룩하니 너희도 거룩할지어다…너는 이스라엘 자손의 온 회중에게 말하여 이르라 너희는 거룩하라 이는 나 여호와 너희 하나님이 거룩함이니라…너희는 스스로 깨끗하게 하여 거룩할지어다 나는 너희의 하나님 여호와이니라…너희는 나에게 거룩할지어다 이는 나 여호와가 거룩하고 내가 또 너희를 나의 소유로 삼으려고 너희를 만민 중에서 구별하였음이니라"
> (레 11:44-45, 19:2, 20:7, 20:26).

"나는 너희를 거룩게 하는 여호와니라"는 말씀이 자주 나온다. 신약 성경에서도 이와 같은 말씀을 찾아볼 수 있다. 베드로는 이같이 말하였다.

"오직 너희를 부르신 거룩한 이처럼 너희도 모든 행실에 거룩한 자가 되라 기록되었으되 내가 거룩하니 너희도 거룩할지어다 하셨느니라"(벧전 1:15-16).

바울도 그의 서신서에서 이같이 말하였다.

"너희 마음을 굳건하게 하시고 우리 주 예수께서 그의 모든 성도와 함께 강림하실 때에 하나님 우리 아버지 앞에서 거룩함에 흠이 없게 하시기를 원하노라…하나님이 우리를 부르심은 부정하게 하심이 아니요 거룩하게 하심이니…너희를 부르시는 이는 미쁘시니 그가 또한 이루시리라"(살전 3:13, 4:7, 5:24).

하나님이 거룩하신 분이라는 지식만이 우리를 거룩하게 할 수 있다. 우리가 기도 처소에서 하나님과 함께하는 시간을 갖지 않고서 어떻게 하나님에 대한 지식을 습득할 수 있겠는가? 하나님과 함께하는 가운데 그분이 우리에게 자신의 거룩하심을 드러내도록 하지 않는 한 이것은 도저히 불가능하다. 우리가 누군가와 교제하지 않고서 어찌 그 사람에 대해 자세히 알 수 있겠는가? 우리가 하나님의 거룩하신 영광의 능력을 덧입는 시간을 갖지 않는다면 하나님이 어떻게 우리를 거룩하게 하실 수 있겠는가? 우리는 기도 처소 외의 다른 곳에서 하나님의 거룩하심을 알 수 없으며, 그 영향력과 능력을 덧입을 수 없다. "하나님과 교제하고 싶은 마음이 없을뿐더러 실제로 그분과 교제하지 않는 사람은 거룩할 수 없습니다"라는 말은 진리이다.

하나님의 거룩하심이란 무엇인가? 하나님의 거룩하심은 그분의 가장 지고하며, 영광스러운, 그분의 모든 속성을 포괄하는 대표적인 품성이다. '거룩'은 성경에 나오는 가장 심오한 말이다. 구약과 신약 성경 모두 하나님의 거룩하심을 증거하고 있다. 이사야 선지자는 얼굴을 가린 스랍들이 이렇게 찬송하는 것을 들었다.

"서로 불러 이르되 거룩하다 거룩하다 거룩하다 만군의 여호와여 그의 영광이 온 땅에 충만하도다 하더라"(사 6:3).

사도 요한 역시 네 생물이 이같이 찬송하는 것을 들었다.

"네 생물은 각각 여섯 날개를 가졌고 그 안과 주위에는 눈들이 가득하더라 그들이 밤낮 쉬지 않고 이르기를 거룩하다 거룩하다 거룩하다 주 하나님 곧 전능하신 이여 전에도 계셨고 이제도 계시고 장차 오실 이시라 하고"(계 4:8).

이것은 하나님을 수종 드는 천상의 존재들이 하나님의 영광을 찬양한 것이다. 우리는 하나님의 거룩하심을 이해하거나 그분의 거룩하심을 덧입을 수 있다고 감히 상상이나 하는가? 우리는 하나님과 함께하는 장소인 자신만의 기도 처소를 갖고 있음에 대해 감사해야 한다.

아직도 기도하지 않고 있다면 심히 부끄럽게 여겨라. 우리가 기도하지 않는 한 하나님의 거룩하심을 덧입을 수 없다. 이제 하나님께 기도하지 않는 우리의 죄를 용서해 주시며, 하나님의 은혜로 말미암아 거룩하신 주님과 교제할 수 있게 해달라고 간구하자.

'하나님의 거룩하심'이란 말뜻을 한마디로 쉽게 설명할 수는 없지만, 하나님이 죄를 아주 미워하며 혐오하신다는 말로서 그 의미를 시사할 수 있다. 이 말의 의미를 이해하고 싶으면 하나님이 죄에 지배당하도록 우리를 그냥 내버려두시는 대신 자기 아들이 대속 죽음을 당하도록 하셨음을 기억하라. 하나님의 독생자이신 예수님은 사소한 일에 있어서조차 하나님의 뜻을 거역하지 않고 기꺼이 자기 목숨을 내놓으셨다는 사실을 생각하라. 주님은 인간이 죄의 권세에 지배당하도록 내버려두는 대신 차라리 자신이 죽는 편을 택하실 만큼 죄를 미워하셨다. 이것이 바로 하나님의 거룩하심이다. 하나님은 우리를 죄에서 구하시려고 우리를 위하여 무슨 일이든 하겠다고 약속하셨다. 거룩은 하나님의 불로서 우리 죄를 소멸하며, 우리로 하나님께서 받으실 만한 거룩하고 순전한 제물이 되게 한다. 바로 이 일을 위하여 성령께서 불로 임하셨다. 성령은 하나님의 거룩한 영으로서 우리를 성결케 하는 영이시다.

  하나님의 거룩하심에 대해 생각하며, 하나님이 우리를 위하여 역사하시리라는 확신이 들 때까지 그분 앞에 겸손히 무릎 꿇어라. 다음 사실을 확신할 때까지 필요하면 일주일 내내 이 진리에 관한 하나님의 말씀을 읽고 또 읽어라. "우리가 거룩하신 하나님과 대화할 수 있는 곳, 또한 우리가 기도하지 않음으로 하나님과 그분의 사랑을 거역하였기 때문에 그분 앞에 부끄러운 마음으로 겸손히 무릎 꿇을 수 있는 곳은 기도의 골방입니다." 우리는 그곳에서 하나님이 다시 우리와 교제하시리라는 확신을 얻을 수 있다. 하나님과 교제하고 싶은 마음이 없고, 실제로 그분과 교제하지 않는 사람은 하나님의 거룩하심에 대해 이해하지 못할 뿐만 아니라 그분의 거룩하심을 덧입을 수 없다.

누군가가 하나님의 거룩하심은 그분의 의로우심 때문에 하나님과 우리 사이에 벌어진 머나먼 간격에 대한 표현이자, 반면에 우리와 교제하며 우리 안에 거하고 싶어하시는 하나님의 사랑으로 인한 그분과 우리와의 아주 가까운 사이에 대한 표현이라고 말하였다. 하나님과 당신 사이의 무한한 간격에 대해 생각하고 겸손히 하나님을 경외하라. 하나님이 당신과 교제하는 가운데 하나가 되고 싶어하시며, 하나님께서는 자기 앞에 조용히 무릎 꿇고 주님을 사모하는 심령에게 자신의 거룩함을 덧입혀 주시리라고 확신하라.

하나님의 거룩하심에 대한 이 두 가지 측면이 십자가에서 통일되었음을 주목하라. 하나님은 우리 죄를 미워하며 혐오하셨으므로 그리스도께서 십자가에 달리도록 내버려두셨다. 하나님은 우리 죄를 짊어지신 그리스도를 외면하셨다. 우리를 위한 하나님의 사랑이 지극하셨을 뿐만 아니라, 우리와 하나가 되고 싶은 그분의 염원이 간절하셨으므로 하나님은 독생자 예수 그리스도를 아끼지 않고 대속 죽음을 당하게 하심으로 우리가 그리스도와 하나 되게 하시며, 우리를 하나님의 사랑스러운 자녀로 인정하셨다. 우리를 위하여 친히 고통당하신 예수님은 이같이 말씀하신다.

"또 그들을 위하여 내가 나를 거룩하게 하오니 이는 그들도 진리로 거룩함을 얻게 하려 함이니이다"(요 17:19).

주님은 우리의 거룩함이시며 우리는 주님 안에서 거룩하다. 하나님의 은혜를 하찮게 여기지 마라. 하나님은 당신을 성결케 하고 싶어하신다. 하나님이 당신을 거룩하게 하도록 기도 처소에서 무릎 꿇으라고 하시는 그분의 말씀을 청종하라. 매일 기도의 골방에서 거룩하신 하나님을 만나는 것을 습관으로 삼아라. 그러려면 치열한 노력이 필요하겠지만 그에 따른 보상은 엄청날 것이다. 당신은 죄를 미워하며, 죄가 저주스러운 것이지만 이미 정복된 것으로 간주하는 법을 배울 것이다. 당신은 죄를 혐오하는 새로운 성품을 지니게 될 것이다. 살아 계신 예수님과 거룩하신 하나님이 승리자로서 당신의 힘이 되시리니 당신은 데살로니가전서 5:23-24에 기록되어 있는 약속을 믿게 될 것이다.

"평강의 하나님이 친히 너희를 온전히 거룩하게 하시고 또 너희의 온 영과 혼과 몸이 우리 주 예수 그리스도께서 강림하실 때에 흠 없게 보전되기를 원하노라 너희를 부르시는 이는 미쁘시니 그가 또한 이루시리라"(살전 5:23-24).

누구든지 하나님께 순종하기 위하여 성령의 도우심을 간구하면 하나님은 그를 어여삐 여기시고 성령의 능력을 갑절이나 덧입혀 주실 것이다.

12. 응답받는 기도

죄에 대항하는 것은 하나님께 순종하는 것이다.

"한 사람이 순종하지 아니함으로 많은 사람이 죄인 된 것 같이 한 사람이 순종하심으로 많은 사람이 의인이 되리라"(롬 5:19).

"죄로부터 해방되어 의에게 종이 되었느니라"(롬 6:18).

지금까지 죄, 새 생명, 성령을 받음에 대해 언급한 모든 사실과 관련하여 우리는 항상 하나님께 순종해야 한다. 그리스도께서 십자가에 달려 죽기까지 자신을 낮추시고 순종하셨으므로 하나님은 그분을 지극히 높여 주셨다. 이와 관련해 사도 바울은 우리에게 이같이 권면하고 있다.

"너희 안에 이 마음을 품으라 곧 그리스도 예수의 마음이니"
(빌 2:5).

우리는 무엇보다 그리스도의 순종이 하나님을 기쁘시게 하였음을 깨닫고 우리 역시 하나님께 대한 순종을 우리의 기본 성품과 모든 삶의 기본으로 삼아야 한다. 매사에 주인에게 순종하는 종처럼 하나님께 무조건, 절대적으로 순종하는 것이 우리 삶의 본질이어야 한다.

그러나 이 사실을 이해하는 크리스천이 과연 얼마나 되는가! 죄는 필수불가결한 것으로 최소한 하루에 한 번은 죄를 지을 수밖에 없다고 생각하는 사람들이 얼마나 많은가! 이러한 오해로 말미암는 여러 가지 폐단을 한마디로 언급하기란 어렵다. 우리가 불순종의 죄를 가볍게 여기는 주된 이유 중 하나는 이 같은 오해 때문이다. 크리스천들이 웃

으면서 자신의 삶이 신앙적이지 못한 원인을 '반복되는 불순종' 때문이라고 얘기하는 것을 들은 적이 있다. 만약 습관적으로 사장에게 불순종하는 직원이 있으면 단번에 그를 해고하려고 하지 않겠는가? 하지만 우리는 하나님의 자녀로서 매일 불순종하는 것을 대수롭지 않게 여기고 있다. 우리는 자신이 날마다 하나님께 불순종하고 있음을 알면서도 회개하지 않는다.

우리가 성령의 능력을 구하는 기도를 드리지만 응답받지 못하는 까닭은 바로 이 때문이다. 성경은 성령을 가리켜 "하나님이 자기를 순종하는 사람들에게 주신 성령"이라고 말한다. 하나님의 모든 자녀는 거듭났을 때 성령을 받았다. 누구든지 하나님께 순종하기 위하여 성령의 도우심을 간구하면 하나님은 그를 어여삐 여기시고 성령의 능력을 갑절이나 덧입혀 주실 것이다. 그러나 그가 매일 하나님께 불순종하면 아무리 성령의 도우심을 간구하여도 응답받지 못할 것이다.

성령은 우리를 온전히 주장하고 싶어하신다. 우리가 순종하지 않고 어찌 그분에게 자신을 완전히 내맡길 수 있겠는가? 성경은 우리가 성령의 인도를 따르며 그분과 동행해야 한다고 말한다. 성령과 올바른 관계를 유지하는 것은 그분의 인도를 따르며, 그분에게 순종하는 것이다. 순종은 하나님과의 관계에 있어서 가장 중요한 요소이다. 예수님은 십자가에 달려 돌아가시기 전날 밤, 제자들에게 보혜사 성령에 대해 약속하면서 이 점을 강조하셨다.

"너희가 나를 사랑하면 나의 계명을 지키리라 내가 아버지께 구하겠으니 그가 또 다른 보혜사를 너희에게 주사 영원토록 너희와 함께 있게 하리니"(요 14:15-16).

순종은 성령을 받기 위한 준비 과정 중에서도 핵심 요소였다. 그러므로 주님은 거듭 순종을 강조하셨다.

"나의 계명을 지키는 자라야 나를 사랑하는 자니 나를 사랑하는 자는 내 아버지께 사랑을 받을 것이요 나도 그를 사랑하여 그에게 나를 나타내리라"(요 14:21).

"예수께서 대답하여 이르시되 사람이 나를 사랑하면 내 말을 지키리니 내 아버지께서 그를 사랑하실 것이요 우리가 그에게 가서 거처를 그와 함께 하리라"(요 14:23).

"너희가 내 안에 거하고 내 말이 너희 안에 거하면 무엇이 든지 원하는 대로 구하라 그리하면 이루리라"(요 15:7).

"내가 아버지의 계명을 지켜 그의 사랑 안에 거하는 것 같이 너희도 내 계명을 지키면 내 사랑 안에 거하리라…너희는 내가 명하는 대로 행하면 곧 나의 친구라"(요 15:10, 15:14).

그리스도의 부활 이후 우리의 새로운 삶이 순종에 좌우된다는 사실을 이보다 더 간단명료하게 선언한 또 다른 말씀이 있는가? 순종은 그리스도께서 취한 삶의 기본자세이다. 그리스도께서는 자기 뜻이 아닌 하나님 아버지의 뜻대로 사셨다. 주님과 성령은 하나님께 철저히 순종하지 않는 사람의 심령에 거하시지 못한다.

순종의 중요성을 깨달은 사람들이 매우 적어 정말로 안타깝다. 그리스도께서 우리에게 순종을 요구하시고 기대하신다는 사실을 믿는 사람들이 너무 적다. 우리가 모든 일에 주님을 기쁘시게 하려고 노력하고 있음을 과연 우리의 기도 생활, 걸음걸이, 영적 삶에서 얼마나 보여 주고 있는가? 우리는 자신의 불순종에 대해 언급하거나 "하나님 앞에서 죄를 지어 죄송스럽다"는 말을 거의 하지 않는다. 그럼에도 불구하고 우리가 하나님께 순종하는 것이 과연 가능한가? 예수 그리스도께서 자신의 성결임을 믿고 그분을 의지하는 사람에게는 가능한 일이다.

그러나 그리스도께서 자기 죄를 단번에 용서하실 수 있음을 깨닫지 못하는 사람에게는 불가능하다. 그 사람은 하나님이 주의 자녀들에게 바라시는 모든 일을 성취할 수 있는 능력을 주시겠다고 한 그리스도의 약속을 모르는 것이다. 우리는 믿음으로 주님의 죄 사함을 확신하기 때문에 믿음의 새로운 행동을 통해 지배당하기 쉬운 죄의 권세에서 벗어난다. 그리고 죄 가운데서 우리를 지켜 주시는 그리스도의 능력을 믿음으로 계속 체험한다. 믿음은 우리가 하나님의 약속에 대해 예전과 다른 새로운 시각으로 이해하게 해 준다.

"양들의 큰 목자이신 우리 주 예수를 영원한 언약의 피로 죽은 자 가운데서 이끌어 내신 평강의 하나님이 모든 선한 일에 너희를 온전하게 하사 자기 뜻을 행하게 하시고 그 앞에 즐거운 것을 예수 그리스도로 말미암아 우리 가운데서 이루시기를 원하노라 영광이 그에게 세세무궁토록 있을지어다 아멘"(히 13:20-21).

"능히 너희를 코호하사 거침이 없게 하시고 너희로 그 영광 앞에 흠이 없이 기쁨으로 서게 하실 이 곧 우리 구주 홀로 하나이신 하나님께 우리 주 예수 그리스도로 말미암아 영광과 위엄과 권력과 권세가 영원 전부터 이제와 영원토록 있을지어다 아멘"(유 1:24-25).

"그러므로 형제들아 더욱 힘써 너희 부르심과 택하심을 굳게 하라 너희가 이것을 행한즉 언제든지 실족하지 아니하리라"(벧후 1:10).

"너희 마음을 굳건하게 하시고 우리 주 예수께서 그의 모든 성도와 함께 강림하실 때에 하나님 우리 아버지 앞에서 거룩함에 흠이 없게 하시기를 원하노라"(살전 3:13).

"주는 미쁘사 너희를 굳건하게 하시고 악한 자에게서 지키시리라"(살후 3:3).

이상과 그 외의 모든 약속의 성취는 그리스도 안에서 우리를 위하여 보장되어 있다. 죄 사함뿐 아니라 죄를 물리치는 능력까지도 그리스도 안에서 우리를 위하여 확실히 보장되어 있다. 그러므로 우리는 자신의 믿음을 그리스도에게 전적으로 의지할 수 있음을 이해하여야 한다. 믿음은 순종의 삶에 새로운 빛을 발한다. 그리스도를 믿고 의지하기만 하면 그분은 매 순간마다 하나님께 순종하도록 해 주신다. 이제 사도 바울이 로마서를 시작하고 마칠 때 한 중요한 말씀의 의미를 분명히 이해할 수 있다.

"그로 말미암아 우리가 은혜와 사도의 직분을 받아 그의 이름을 위하여 모든 이방인 중에서 믿어 순종하게 하나니"(롬 1:5).

"이제는 나타내신 바 되었으며 영원하신 하나님의 명을 따라 선지자들의 글로 말미암아 모든 민족이 믿어 순종하게 하시려고 알게 하신 바 그 신비의 계시를 따라 된 것이니

> 이 복음으로 너희를 능히 견고하게 하실 지혜로우신 하나님께 예수 그리스도로 말미암아 영광이 세세무궁하도록 있을지어다 아멘"(롬 16:26-27).

믿음은 나의 죄를 용서해 주실 뿐 아니라 항상 하나님의 자녀로서 주님 안에 거하며, 하나님께 순종하는 자녀 중 한 사람으로 인정받게 해 주시는 예수님께 나아가게 한다. 성경은 하나님의 자녀들에게 그들을 부르신 분이 거룩하듯이 그들의 모든 행실도 거룩해야 한다고 말한다. 우리의 모든 행동은 그리스도의 풍성한 은혜와 그분이 항상 우리의 힘이 되어 주신다는 사실을 믿느냐에 따라 좌우된다. 이 사실을 믿는 믿음은 항상 주를 기쁘시게 하며, 늘 선한 일을 도모하며, 주님의 능력을 덧입는 순종의 삶을 살게 해 줄 것이다. 주님의 약속을 믿는 성도들은 자기 힘을 갖고 노력한 결과인 불순종이 아니라 믿음의 순종을 체험하게 될 것이다. 주님의 모든 약속은 살아 계신 그리스도 안에서 믿는 성도들에게 기준과 확신과 힘이 될 것이다.

승리가 우리에게 멀게 보이지만
그리스도를 믿고 의지하는 사람은
그분과 교제하는 가운데 "넉넉히 이기게" 될 것이다.

13. 승리하는 삶

7장에서 예수님으로 말미암는 '풍성한 삶'에 대해 살펴보았다. 우리는 십자가에 못 박히신 분, 부활하신 분, 영화로우신 분, 성령 세례를 받으신 분인 주님에게서 풍성한 은혜의 삶을 살기 위해 필요한 모든 것을 발견한다. 이제 '승리의 삶'과 관련해 다른 각도에서 우리가 어떻게 하면 진정한 승리자로 살 수 있는지 살펴보려고 한다. 우리는 종종 기도 생활보다 더 좋은 것은 없다고 말한다. 그러나 우리의 모든 삶이 새로워지고 거룩해질 때 비로소 기도의 효력이 발생한다. 우리는 하나님이 주의 자녀들에게 명하시는 승리의 삶이 아닌 다른 것에 만족해서는 안 된다.

우리 주님은 요한계시록에 기록된 소아시아의 일곱 교회에 보낸 편지에서 이기는 자에게 주실 복을 약속하셨다. 주님은 "이기는 자"라는 말을 일곱 번이나 반복하시면서 그에 따른 복을 약속하셨다. "처음 사랑을 버린" 에베소 교회, "살았다 하는 이름은 가졌으나 죽은" 사데 교회, "미지근하며, 부요하여 부족한 것이 없다 하는" 라오디게아 교회와 같은 교회들조차 회개하고 이기면 승리의 면류관을 얻으리라는 약속을 받았다. 이와 마찬가지로 주님은 모든 크리스천에게 면류관을 얻기 위하여 선한 싸움을 싸우라고 명하신다. 우리가 승리하기 위하여 모든 것을 희생하지 않으면 어찌 진실한 크리스천이 되거나 성령의 능력을 힘입어 복음을 전할 수 있겠는가? 그렇다면 어떻게 해야 승리할 수 있겠는가? 답은 간단하다. 승리의 비결은 그리스도께 있다.

"항상 우리를 그리스도 안에서 이기게 하시고 우리로 말미암아 각처에서 그리스도를 아는 냄새를 나타내시는 하나님께 감사하노라"(고후 2:14).

"그러나 이 모든 일에 우리를 사랑하시는 이로 말미암아 우리가 넉넉히 이기느니라"(롬 8:37).

승리는 그리스도와의 올바른 관계, 그분에 대한 절대 순종, 완전한 믿음, 그분과의 지속적인 교제에 달려 있다. 그러나 이 모든 것을 어떻게 성취할 수 있는가? 다음의 세 가지 지침은 그리스도 안에서 당신을 위하여 예비된 것을 풍성하게 누리는 방법을 알려줄 것이다.

1. 죄에 대한 새로운 각성

우리는 로마서 3장을 통해 모든 죄는 회개하고 용서받아야 하는 것임을 깨달았다.

"우리가 알거니와 무릇 율법이 말하는 바는 율법 아래에 있는 자들에게 말하는 것이니 이는 모든 입을 막고 온 세상으로 하나님의 심판 아래에 있게 하려 함이라"(롬 3:19).

그러므로 우리는 자기 죄를 깨닫고, 고백하며, 용서받아야 한다. 그러나 승리하는 삶을 살려면 이것만으로는 부족하다. 우리는 우리의 육신에 선한 것이 거하지 않음을 시인해야 한다(롬 7:18). 우리의 속사람은 하나님의 법을 즐거워하지만 지체 속에 다른 법이 있어 죄의 법 아래로 끌어당기기 때문에 이렇게 탄식한다.

"내 속 곧 내 육신에 선한 것이 거하지 아니하는 줄을 아노니 원함은 내게 있으나 선을 행하는 것은 없노라"(롬 7:18).

이것은 우리가 개종할 때 겪는 경험이 아니라 자신의 죄에 대하여 생각할 때 겪게 되는 것이다. 이 죄의식은 점점 심해진다. 우리는 크리스천으로서 자신이 원하는 선을 행할 능력이 없음을 깨닫는다. 우리는 크리스천이지만 우리의 죄성에 대해 새로운 시각으로 바라보아야 하며, 크리스천다운 삶을 살지 못하는 자신의 무력함을 깨달아야 한다. 그럴 때 마침내 이같이 탄식하게 될 것이다.

"오호라 나는 곤고한 사람이로다 이 사망의 몸에서 누가 나를 건져내랴"(롬 7:24).

이 물음에 대한 답은 바로 이것이다.

"우리 주 예수 그리스도로 말미암아 하나님께 감사하리로다 그런즉 내 자신이 마음으로는 하나님의 법을 육신으로는 죄의 법을 섬기노라"(롬 7:25).

이어서 로마서 8장에서는 그리스도 안에 있는 것이 무엇인지를 계시하고 있다. 그리스도 안에는 로마서 3장에 기록되어 있는 그 이상의 것이 있다. 우리는 그리스도 예수 안에 있으며, 그리스도 안에 있는 생명의 성령의 법이 죄와 사망의 법에서 우리를 해방하였다. 우리는 그리스도 예수 안에 있는 생명의 성령의 법으로 해방되었으며, 그리스도께서 승리를 주셨음을 새로이 인식하고 시인하게 된다.

2. 그리스도에 대한 새로운 순복

당신은 '순복'과 '성별'이라는 말의 의미를 정확히 이해하지 못한 채 이 말을 자주 사용하였을 것이다. 로마서 7장에 언급되어 있듯이 자신의 힘으로 크리스천다운 삶이나 진실한 기도 생활을 하려고 노력하다가 낙심한 당신은 이제 주님과 성령께서 완전히 새로운 방식으로 당신을 주장하셔야 함을 깨닫기 시작하였을 것이다. 이러한 경험이 있어야 비로소 계속 죄를 짓지 않고 승리할 수 있다. 이 경험은 당신이 자신에게서 눈을 돌려 스스로에게서 해방되어, 주 예수로 말미암는 모든 것을 기대하게 해 줄 것이다.

이 사실을 이해하면 우리의 본성이 악함을 인정하게 될 것이다. 우리의 악한 본성은 저주받은 것이며, 우리는 그것을 그리스도와 함께 십자가에 못 박았다. 이제 우리는 그리스도의 죽음으로 말미암아 우리가 죄에 대하여 죽었다고 한 사도 바울의 말을 이해할 것이다. 이와 마찬가지로 우리는 그리스도 안에서 영광스러운 부활의 생명에 동참하고 있다. 그러므로 우리는 그리스도께서 우리 안에 있는 자신의 생명을 통해 우리를 지켜 주실 줄 믿어야 한다. 우리는 예수 그리스도를 영접함으로 말미암아 비로소 평안을 누리게 되고 그분의 부활의 능력이 우리를 지켜 주심을 확신할 수 있다. 이제 우리는 예수 그리스도께서 주를 믿는 우리를 영접하셨음은 물론 우리에게 승리를 약속하셨음을 믿어야 한다. 승리가 우리에게 멀게 보이지만 그리스도를 믿고 의지하는 사람은 그분과 교제하는 가운데 "넉넉히 이기게" 될 것이다.

3. 끝까지 인내하는 능력에 대한 새로운 믿음

1875년의 무디·생키 부흥 운동에서 비롯된 케직 사경회에 대해 들어보았을 것이다. 이 사경회의 목적은 '실질적인 성결'을 촉진하는 것이었다. 사경회의 초점은 우리가 믿고 의지하면 우리의 매일의 삶, 모든 삶을 돌보며 보호해 주실 그리스도께 맞추어졌다. 사경회 때 수많은 성도들이 이 사실을 간증하였다. 그러나 그리스도께 자신의 삶을 전적으로 내맡기고 싶어하면서도 실패에 대한 두려움을 떨쳐 버리지 못한 사람들도 많았다. 그들은 거룩한 삶과 예수님과의 지속적인 교제, 어린아이처럼 겸손히 주님께 순종하는 삶을 갈망하였으나 "과연 내가 끝까지 신실할 수 있을까?"라는 의문에 사로잡혔다. 그들은 자신의 힘이 아닌 그리스도께서 주시는 능력으로 순복해야 함을 믿기 전까지 이 물음에 대한 답을 발견하지 못하였다. 앞으로도 그들을 보호하실 뿐만 아니라 그들에게 계속 믿음으로 순종할 수 있는 능력을 주실 분은 오직 예수 그리스도이시다. 그들이 자신의 삶을 온전히 주님께 바칠 수 있게 하는 것은 그리스도의 능력이다.

승리의 삶이 가능하다는 사실을 믿어라. 승리자 되신 예수 그리스도는 당신을 위하여 모든 것을 책임지시며, 하나님이 당신에게 기대하시는 모든 것을 당신으로 하여금 이루도록 해 주시는 분이다. 그러므로 자신감을 가져라. 당신을 위하여 값없이 자기 생명을 내어주셨으며 당신의 죄를 사해 주신 그리스도께서 반드시 승리하게 해 주실 것을 믿어라. 하나님의 능력으로 말미암아 더는 죄에 굴복하지 않을 것임을 확신하라. 당신의 육신에는 선한 것이 들어 있지 않음을 자각하되, 주님은 당신이 하나님의 자녀로서 마땅한 삶을 살기 위해 필요한 모든 선한 것을 갖고 계심을 고백하라. 그리고 "저를 사랑하시며, 저를 위하여 자기 목숨을 내어주신 하나님의 아들 예수 그리스도를 믿습니다"라는 고백대로 믿음의 삶을 살아라.

당신의 용기를 북돋우기 위하여 매우 겸손한 인물인 모울(Moule) 주교의 간증을 들려주겠다. 그는 케직 사경회에 관한 소식을 처음 접하였을 때 또 하나의 완전론(perfectionism, 인간이 현세에서 도덕·종교·사회·정치적으로 완전한 영역에 도달할 수 있다는 학설 _ 역주)이 등장한 줄로 생각하여 염려하였다. 그는 스코틀랜드에 휴가 여행을 갔을 때 그곳에서 열린 소규모 케직 사경회에 우연히 참석하게 되었다. 그는 그곳에서 케직 사경회의 가르침이 성경적임을 확신하였다. 사경회를 인도하는 강사들은 인간의 죄성에 대하여 전혀 언급하지 않았지만 어떻게 예수 그리스도께서 악한 본성을 지닌 인간이 죄를 짓지 않게 하실 수 있는지 가르쳤다. 그때 모울은 새로운 사실을 깨달았다. 항상 세심하며, 순종적인 크리스천이라고 자부하던 그는 그리스도께 온전히 순종하는 사람을 위하여 주님이 무슨 일을 하시는지를 새롭게 각성하였다.

"내게 능력 주시는 자 안에서 내가 모든 것을 할 수 있느니라"
(빌 4:13).

이 말씀에 대해 모울 주교가 한 말을 들어보자.

승리하기 위하여 진심으로 주님의 능력을 기대하는 사람들은 주님이 그들에게 약속하신 삶을 살 수 있다고 자신 있게 말씀드립니다. 우리의 관심이 매일 주님께 향함으로 말미암아 평안을 누리는 것은 가능한 일입니다. 우리 마음이 믿음을 통하여, 하나님 말씀의 깊은 의미 가운데 정결케 되는 것은 얼마든지 가능한 일입니다. 매사에 하나님의 뜻이 이루어지는 것을 목격하며, 한숨 쉬지 않고 찬송하면서 그분의 뜻을 받아들이는 것은 분명히 가능한 일입니다. 매일, 매 순간마다 우리의 내면에서 괴로움, 원한, 분노, 악한 말을 제거하는 것은 가능합니다. 우리가 하나님의 능력을 힘입어 강해지는 것은 충분히 가능한 일입니다. 우리를 사랑하시며, 복 주시고, 우리 가운데 역사하겠다고 약속하신 하나님으로 말미암아 예전에 우리의 가장 약했던 것, 우리가 가장 부끄럽게 여겼던 것이 도리어 죄를 무력하게 하는 기회가 됨은 얼마든지 가능한 일입니다. 하나님에게는 불가능한 일이 없으며, 이 모든 일은 하나님이 하시는 일이므로 그분의 역사를 체험하는 사람은 겸손히 하나님 앞에 무릎 꿇고 더욱더 그분을 사모하게 될 것입니다. 우리가 그리스도 안에서 성령의 능력을 통하여 매일, 매 시간, 매 순간 하나님과 동행하는 것보다 더 만족스러운 일은 아마 없을 것입니다.

자신의 내적 곤고함과 자신에게는 아무런 희망이 없음

을 알고 오직 예수님만 바라보는 사람들에게 승리의 삶을 약속하신 하나님께 감사하자. 하나님의 능력을 힘입어 주님께 전적으로 순종할 수 있음을 확신하는 그들은 이제 매일, 매 순간마다 자신을 완전히 주님께 내맡긴 채 오직 그분을 의지한다.

2부
기도의 골방

기도의 골방은 성도가 하나님과 하나되며,
하나님의 능력을 공급받고, 오직 하나님을 위한
삶을 살 수 있도록 하기 위해 마련된 처소이다.

14. 개인적인 기도를 위한 권면

교역자 협의회에 참석자 중 한 사람이 기도를 소홀히 한 자신의 죄를 고백하면서 덧붙여 말하기를, 주님은 우리에게 요구하시는 것을 이루기 위해 은혜를 베풀어 주신다는 사실을 깨달았다고 하였다. 그리고 나서 개인적으로 기도하는 데 도움이 되는 조언을 해달라고 내게 부탁하였다. 그러나 협의회가 끝났을 때 그런 부탁을 받았으므로 그에게 충분한 조언을 할 시간이 없었다. 지금이라도 다음 조언이 그분과 그 외의 사람들에게 도움이 되길 바란다.

1. 개인적으로 기도할 때 제일 먼저 하나님 앞에 나와 그분과 자유롭게 대화를 나누도록 허락하신 하나님의 무한한 사랑에 대해 감사하라

만약 당신의 심령이 냉담하며 죽어 있다면 믿음은 감정적인 것이 아니라 의지적인 것임을 기억하라. 당신의 심령을 하나님께 내놓고, 그분이 당신을 내려다보시며 복 주실 줄 확신하고 하나님께 감사하라. 당신은 이러한 믿음의 행동을 통해 하나님을 경외하며 그분에게 멀어져 있던 마음이 점차 가까워지게 될 것이다. 당신에게 기도를 가르쳐 주시고 기도할 마음을 갖게 해 주신 주님의 은혜에 대해 생각하라. "아빠 아버지"라고 부르짖으면서 서툰 기도라도 드릴 수 있도록 도와주시는 성령에 대해서도 생각하라. 이런 식으로 보내는 5분은 비록 짧은 시간이지만 당신의 믿음을 강화시켜 줄 것이다. 다시 한번 강조하지만, 기도할 때 먼저 하나님께 감사하며, 당신이 기도할 수 있도록 하시며 당신에게 복 주겠다고 약속하신 하나님을 찬양하라.

2. 성경 공부로 기도 준비를 해라

사람들이 성경 공부에 별 관심을 두지 않는 까닭은 그들

이 기도하는 법을 모르기 때문이다. 그들은 기도가 일방적으로 얘기하는 독백이 아니라, 하나님의 자녀가 하나님 아버지의 말씀에 귀를 기울이며, 반응하고, 그다음에 자신의 간구를 아뢰는 대화임을 망각하고 있기 때문에 금방 어휘가 고갈되고 나면 더 이상 무슨 말을 해야 할지 모른다.

성경 말씀을 몇 구절 읽어라. 그 내용이 어렵더라도 나중에 천천히 숙고할 수 있으니 당황하거나 집착하지 마라. 일단 이해한 사실을 가슴에 새기고, 자신에게 적용하며, 하나님 아버지께 더 깊은 영적 의미를 깨우쳐 주시며 말씀의 은혜를 받게 해달라고 간절히 구하여라. 당신은 성경에서 기도 제목을 구하며, 필요한 것들을 바라는 자유를 누릴 수 있다. 이와 같은 방법을 지속하면 당신의 기도 처소는 한숨 쉬며 고민하는 장소가 아니라 하나님 아버지와 즐거이 교제하는 곳으로 바뀔 것이다. 성경 공부는 능력 있는 기도를 위해 꼭 필요한 것이다.

3. 하나님의 말씀을 가슴에 새겼으면 진지한 기도를 드려라

기도하는 법을 잘 알고 있을지라도 서두르거나 분별없이

기도하지 마라. 자기 힘을 의지하여 드리는 기도는 하나님의 복을 받지 못한다. 먼저 하나님 앞에 겸손히 무릎 꿇고 조용히 묵상하라. 하나님의 위대하심과 거룩하심, 그리고 사랑을 기억하라. 하나님께 간구하고 싶은 것에 대해 생각하라. 매일 똑같은 것을 아뢰는 것으로 만족하지 마라. 육신의 아버지에게 매일 똑같은 얘기를 들려주는 자녀는 없다.

그날의 필요에 따라 하나님 아버지께 아뢸 것을 아뢰라. 성경을 읽고 나서 드리는 기도든, 영적 갈급함을 채우기 위해 드리는 기도든 간구하는 내용이 명확하여야 한다. "하나님 아버지, 제가 하나님께 간구하는 것은 바로 이것입니다. 반드시 응답해 주실 줄 믿습니다!"라고 아뢸 수 있을 만큼 기도 내용을 명확히 하라. 기도할 내용을 미리 메모하는 것도 좋은 아이디어다.

4. 자신에게 필요한 것을 하나님께 아뢰라

그러나 하나님은 당신이 다른 사람들을 위해 기도하기를 원하시며, 당신의 중보 기도는 그들에게 큰 힘이 된다는 사실을 알고 있을 것이다. 우리가 매일 기도하지만 기쁨과 응답의 복을 누리지 못하는 주된 이유 중 하나는 우리의 기도가 이기적이기 때문이다. 이기심은 기도의 힘을 소멸한다.

당신의 가족, 교회, 이웃, 친구들을 기억하라. 기도 대상의 폭을 넓히며, 선교와 온 세상의 모든 교회에 관심을 가져라. 중보 기도에 힘쓰면 기도를 통하여 다른 사람들을 축복하는 하나님의 도구로 사용되는 복을 누릴 것이다. 또한 항상 다른 사람들을 위하여 하나님께 아뢰어야 할 것이 있음을 깨닫고 삶의 보람을 느낄 것이다. 하나님은 당신의 기도에 응답하시고 오직 기도로만 해결할 수 있는 일을 행하실 것이다.

어린아이는 아버지에게 자신이 원하는 것을 요구한다. 그러나 장성한 아들은 자신의 사업과 가족의 책임에 관하여 아버지와 대화한다. 하나님의 어린 자녀는 자신만을 위해 기도하지만 그리스도 안에서 장성한 사람은 하나님 나라를 위해 해야 할 일들에 대해 기도하는 가운데 하나님과 의논한다. 출석 교회의 담임 목사, 지역 공동체의 목사와 해외 선교사들 등 중보 기도해야 할 대상의 명단과 하나님 나라 확장을 위해 기도해야 할 제목을 작성하라. 그리하면 당신의 기도 골방은 하나님의 선하심을 확인하는 처소이자 무한한 기쁨이 넘쳐나는 샘이 될 것이다. 믿기 어렵겠지만 하나님이 당신의 기도 골방을 천사들이 오르내리는 벧엘이 되게 해 주시므로 당신은 거기서 "여호와께서 나의 하나님이 되실 것이요!"라고 외칠 것이 분명하다. 하나님은 당신의 기도 골방을 만왕의 왕이신 하나님의 왕자로서, 또한 천사와 씨름하여 이긴 믿음의 용사로서 하나님을 대면하는 브니엘이 되게 해 주실 것이다.

5. 기도의 골방과 바깥세상의 밀접한 연관성을 잊지 마라

우리는 매일 골방에서 기도해야 한다. 우리가 은밀히 기도하는 목적은 하나님이 항상 우리와 함께하심을 깨닫고 그분과 온전히 하나 되기 위함이다. 그러나 죄, 경솔함, 육신이나 세상에 굴복함은 우리의 기도를 방해하며 우리 심령을 먹구름으로 덮어 버린다. 만일 죄를 지었으면 골방에 들어가 예수님의 보혈로 당신의 죄를 깨끗이 사해 달라고 하나님께 기도하라. 죄를 고백하고, 회개하며, 용서받기 전에는 거기서 나오지 마라. 예수님의 보혈로 죄 사함 받고 하나님 앞에 스스럼없이 나아가는 자유를 회복하라. 그저 골방에서 기도하는 것으로 만족하지 말고 삶의 전 영역에서 하나님의 자녀다운 모습을 보여야 함을 명심하라. 기도의 골방에서 하나님께 무릎 꿇는 '믿음의 순종'이 항상 당신을 주장하게 하라. 기도의 골방은 성도가 하나님과 하나 되며, 하나님의 능력을 공급받고, 오직 하나님을 위한 삶을 살 수 있도록 하기 위해 마련된 처소이다. 이런 기도 처소를 마련해 주시고, 거기서 하나님과 교제하며 그분의 능력을 덧입는 복된 삶을 살게 해 주신 하나님께 감사하라.

그는 성도들을 위하여 항상 하나님께 기도하였으며,
그리스도의 지체인 교회와 교회에 필요한 것만을
생각하는 자기희생적인 사랑을 실천하였다.

15. 바울의 기도

창세 전에는 시간이 존재하지 않았다. 하나님은 그때 우리가 이해하기 어려운 방식으로 영원토록 존재하셨다. 그러나 창조와 더불어 시간이 시작되었으며 모든 것이 시간의 영향을 받게 되었다. 하나님은 살아 있는 모든 피조물이 점진적인 성장 법칙을 따르게 하셨다. 어린아이가 육체적, 정신적으로 어른이 되기 위해 소요되는 시간에 대해 생각해 보라. 학습, 지혜, 사업, 여가 활동, 정치, 그 밖의 모든 것이 인내와 끈기를 요구한다. 이 모든 것은 시간이 필요하다.

이 점은 종교에서도 마찬가지이다. 우리가 따로 시간을 내지 않는 한 하나님과의 대화, 그분과의 교제, 뭇 영혼들을 구원하기 위한 사역을 할 수 없다. 어린아이가 성장하며 배우려면 오랫동안 매일 육신과 마음의 양식을 취해야 하듯이 우리도 은혜의 삶을 살려면 날마다 시간을 내야 한다.

사역자는 하나님이 세우신 일꾼으로서 평신도들에게 영적인 삶을 유지할 수 있는 시간이 있으며 그 시간을 올바로 사용해야 함을 가르치고 도와줘야 한다. 목회자가 먼저 기도 생활의 산 체험이 없으면 이 일을 할 수 없다. 그의 가장 중요한 소명은 설교나 심방이 아니라 자신이 먼저 날마다 하나님과 교제하며, 주님이 가르치신 것을 전하는 증인이 되어 몸소 실천하는 것이다.

우리 주님은 늘 하나님과 교제하셨다. 주님은 왜 회개해야 할 죄가 없었는데도 때때로 밤을 지새우면서 하나님께 기도하셨을까? 그분의 영적인 삶이 하나님 아버지와의 친밀한 교제를 통해 강화되었기 때문이다. 주님이 날마다 기도하는 가운데 하나님과 교제하셨듯이 우리도 기도를 통해 주님과 영적으로 교통할 수 있다.

나는 사역자들이 하나님과 교제하는 소중한 시간을 주님

으로부터 받았다는 사실을 이해하도록 그들을 위해 기도한다. 하나님은 우리에게 주어진 소중한 시간에 우리와 교제하길 원하신다. 기도하는 가운데 하나님과 교제하지 않으면 우리의 설교와 예배는 힘을 잃고 말 것이다. 이 세상에 사는 동안 우리는 우리가 가진 시간을 돈이나 지식과 맞바꾼다. 목회자는 자기 시간을 하나님의 능력 및 신령한 복과 맞바꾼다. 오직 그렇게 해야 그는 하나님의 사람이 되고, 그의 설교는 성령과 하나님의 권능을 증거하는 메시지가 될 것이다.

"내가 그리스도를 본받는 자가 된 것 같이 너희는 나를 본받는 자가 되라"(고전 11:1).

바울은 성도들을 위하여 항상 기도한 사역자였다. 성령의 음성을 들을 수 있도록 바울이 한 말을 경건한 마음으로 읽어 보라.

"주야로 심히 간구함은 너희 얼굴을 보고 너희 믿음이 부족한 것을 보충하게 하려 함이라 하나님 우리 아버지와 우리 주 예수는 우리 길을 너희에게로 갈 수 있게 하시오며 또 주께서 우리가 너희를 사랑함과 같이 너희도 피차간과 모든 사람에 대한 사랑이 더욱 많아 넘치게 하사 너희 마음을 굳건하게 하시고 우리 주 예수께서 그의 모든 성도와 함께 강림하실 때에 하나님 우리 아버지 앞에서 거룩함에 흠이 없게 하시기를 원하노라"(살전 3:10-13).

"평강의 하나님이 친히 너희를 온전히 거룩하게 하시고 또 너희의 온 영과 혼과 몸이 우리 주 예수 그리스도께서 강림하실 때에 흠 없게 보전되기를 원하노라"(살전 5:23).

우리가 깊이 묵상해야 할 말씀이지 않은가!

"우리 주 예수 그리스도와 우리를 사랑하시고 영원한 위로와 좋은 소망을 은혜로 주신 하나님 우리 아버지께서 너희 마음을 위로하시고 모든 선한 일과 말에 굳건하게 하시기를 원하노라"(살후 2:16-17).

"내가 그의 아들의 복음 안에서 내 심령으로 섬기는 하나님이 나의 증인이 되시거니와 항상 내 기도에 쉬지 않고 너희를 말하며 어떻게 하든지 이제 하나님의 뜻 안에서 너희에게로 나아갈 좋은 길 얻기를 구하노라 내가 너희 보기를 간절히 원하는 것은 어떤 신령한 은사를 너희에게 나누어 주어 너희를 견고하게 하려 함이니"(롬 1:9-11).

"형제들아 내 마음에 원하는 바와 하나님께 구하는 바는 이스라엘을 위함이니 곧 그들로 구원을 받게 함이라"(롬 10:1).

"이로 말미암아 주 예수 안에서 너희 믿음과 모든 성도를 향한 사랑을 나도 듣고 내가 기도할 때에 기억하며 너희로 말미암아 감사하기를 그치지 아니하고 우리 주 예수 그리스도의 하나님, 영광의 아버지께서 지혜와 계시의 영을 너희에게 주사 하나님을 알게 하시고 너희 마음의 눈을 밝히사 그의 부르심의 소망이 무엇이며 성도 안에서 그 기업의 영광의 풍성함이 무엇이며 그의 힘의 위력으로 역사하심을 따라 믿는 우리에게 베푸신 능력의 지극히 크심이 어떠한 것을 너희로 알게 하시기를 구하노라"(엡 1:15-19).

"이러므로 내가 하늘과 땅에 있는 각 족속에게 이름을 주신 아버지 앞에 무릎을 꿇고 비노니 그의 영광의 풍성함을 따라 그의 성령으로 말미암아 너희 속사람을 능력으로 강건하게 하시오며 믿음으로 말미암아 그리스도께서 너희 마음에 계시게 하시옵고 너희가 사랑 가운데서 뿌리가 박히고 터가 굳어져서 능히 모든 성도와 함께 지식에 넘치는 그리스도의 사랑을 알고 그 너비와 길이와 높이와 깊이가 어떠함을 깨달아 하나님의 모든 충만하신 것으로 너희에게 충만하게 하시기를 구하노라"(엡 3:14-19).

"간구할 때마다 너희 무리를 위하여 기쁨으로 항상 간구함은 너희가 첫날부터 이제까지 복음을 위한 일에 참여하고 있기 때문이라 너희 안에서 착한 일을 시작하신 이가 그리스도 예수의 날까지 이루실 줄을 우리는 확신하노라 내가 너희 무리를 위하여 이와 같이 생각하는 것이 마땅하니 이는 너희가 내 마음에 있음이며 나의 매임과 복음을 변명함과 확정함에 너희가 다 나와 함께 은혜에 참여한 자가 됨이라 내가 예수 그리스도의 심장으로 너희 무리를 얼마나 사모하는지 하나님이 내 증인이시니라 내가 기도하노라 너희 사랑을 지식과 모든 총명으로 점점 더 풍성하게 하사 너희로 지극히 선한 것을 분별하며 또 진실하여 허물 없이 그리스도의 날까지 이르고 예수 그리스도로 말미암아 의의 열매가 가득하여 하나님의 영광과 찬송이 되기를 원하노라"(빌 1:4-11).

"나의 하나님이 그리스도 예수 안에서 영광 가운데 그 풍성한 대로 너희 모든 쓸 것을 채우시리라"(빌 4:19).

"이로써 우리도 듣던 날부터 너희를 위하여 기도하기를 그치지 아니하고 구하노니 너희로 하여금 모든 신령한 지혜와 총명에 하나님의 뜻을 아는 것으로 채우게 하시고 주께 합당하게 행하여 범사에 기쁘시게 하고 모든 선한 일에 열매를 맺게 하시며 하나님을 아는 것에 자라게 하시고 그의 영광의 힘을 따라 모든 능력으로 능하게 하시며 기쁨으로 모든 견딤과 오래 참음에 이르게 하시고"(골 1:9-11).

"내가 너희와 라오디게아에 있는 자들과 무릇 내 육신의 얼굴을 보지 못한 자들을 위하여 얼마나 힘쓰는지를 너희가 알기를 원하노니 이는 그들로 마음에 위안을 받고 사랑 안

> 에서 연합하여 확실한 이해의 모든 풍성함과 하나님의 비
> 밀인 그리스도를 깨닫게 하려 함이니"(골 2:1-2).

이 모든 말씀은 복음의 일꾼인 바울이 늘 쉬지 않고 기도하였음을 보여 준다. 그는 성도들을 위하여 항상 하나님께 기도하였으며, 그리스도의 지체인 교회와 교회에 필요한 것만을 생각하는 자기희생적인 사랑을 실천하였다. 우리 모든 성도와 복음의 사역자들이 바울처럼 기도 생활에 힘쓸 수 있게 해달라고 하나님께 기도하자. 본문의 페이지를 넘길 때마다 우리도 성령의 능력을 힘입어 사도 바울과 같은 삶을 살게 해달라고 간구하자.

바울은 성도들을 위하여 늘 기도하였을 뿐 아니라 그들에게도 기도 요청을 하였다. 다시금 경건한 자세로 그가 한 말을 읽어 보자.

> "형제들아 내가 우리 주 예수 그리스도와 성령의 사랑으로
> 말미암아 너희를 권하노니 너희 기도에 나와 힘을 같이하여
> 나를 위하여 하나님께 빌어 나로 유대에서 순종하지 아니하
> 는 자들로부터 건짐을 받게 하고 또 예루살렘에 대하여 내

가 섬기는 일을 성도들이 받을 만하게 하고"(롬 15:30-31).

"우리는 우리 자신이 사형 선고를 받은 줄 알았으니 이는 우리로 자기를 의지하지 말고 오직 죽은 자를 다시 살리시는 하나님만 의지하게 하심이라 그가 이같이 큰 사망에서 우리를 건지셨고 또 건지실 것이며 이 후에도 건지시기를 그에게 바라노라 너희도 우리를 위하여 간구함으로 도우라 이는 우리가 많은 사람의 기도로 얻은 은사로 말미암아 많은 사람이 우리를 위하여 감사하게 하려 함이라"(고후 1:9-11).

"모든 기도와 간구를 하되 항상 성령 안에서 기도하고 이를 위하여 깨어 구하기를 항상 힘쓰며 여러 성도를 위하여 구하라 또 나를 위하여 구할 것은 내게 말씀을 주사 나로 입을 열어 복음의 비밀을 담대히 알리게 하옵소서 할 것이니 이 일을 위하여 내가 쇠사슬에 매인 사신이 된 것은 나로 이 일에 당연히 할 말을 담대히 하게 하려 하심이라"(엡 6:18-20).

"이것이 너희의 간구와 예수 그리스도의 성령의 도우심으로 나를 구원에 이르게 할 줄 아는 고로"(빌 1:19).

"기도를 계속하고 기도에 감사함으로 깨어 있으라 또한 우리를 위하여 기도하되 하나님이 전도할 문을 우리에게 열어 주사 그리스도의 비밀을 말하게 하시기를 구하라 내가 이 일 때문에 매임을 당하였노라 그리하면 내가 마땅히 할 말로써 이 비밀을 나타내리라"(골 4:2-4).

"끝으로 형제들아 너희는 우리를 위하여 기도하기를 주의 말씀이 너희 가운데서와 같이 퍼져 나가 영광스럽게 되고"(살후 3:1).

바울은 그리스도의 몸과 지체의 연합 관계에 대해 정확히 이해하고 있었다. 성령께서 우리 안에 역사하시도록 허락하면 그분은 우리에게 이 진리를 계시해 주실 것이다. 바울은 하나님이 로마, 고린도, 에베소, 골로새, 빌립보 교인들과 함께하심을 아셨으므로 기도로서 그들과 하나가 되었다. 사역자들이 그리스도의 몸과 지체의 연합 관계를 정말로 중요하게 여긴다면, 또한 그들이 성도들을 기도의 중보자로 양성하기 위해 혼신을 다해 노력하고 있다면, 바울의 기도는 그들에게 큰 교훈이 될 것이다.

바울이 당당히 성도들에게 기도하라고 권면할 수 있었던 까닭은 그 자신이 항상 그들을 위하여 기도하였기 때문이다. 우리도 바울을 본받아 기도의 은혜 가운데 성장하여 우리의 삶 자체가 기도의 영이 우리를 주장하고 계심을 보여 주는 증거가 되게 해달라고 하나님께 간구하자. 하나님께서 밤낮으로 주께 부르짖는 우리 기도에 응답하시리라고 확신한다.

쉬지 않고 기도하는 가운데 날마다 주님과 교제하여야 한다.
그럴 때 주님이 우리에게 성령을 생수의 강처럼 부어 주실 것이다.

16. 영의 직분

"복음 사역자는 영의 직분이다"(고후 3:6-8)라는 말의 뜻은 무엇인가? 그 의미는 다음과 같다.

1. 복음 사역자는 전적으로 성령의 권능과 지배하에 있으므로 그분의 뜻대로 인도받고 사용된다.

2. 성령을 구하는 기도를 드리면, 복음 사역을 위하여 성령과 그분의 권능을 사용할 수 있다고 생각하는 사람들이 많은데, 그들의 생각은 완전히 잘못된 것이다. 당신을

사용하는 분은 어디까지나 성령이시므로 당신은 전적으로 성령을 의지하고 그분께 철저히 순종하여야 한다. 성령은 항상 모든 일에 있어 당신을 자기 뜻대로 주장하신다.

3. 하나님의 말씀을 전하기만 하면 성령께서 자연히 말씀의 열매를 맺게 해 주실 거라고 생각하는 사람들이 많다. 그들은 복음 사역자를 통하여 청중의 심령에 하나님의 말씀을 들려주는 분이 성령이심을 이해하지 못하고 있다. 우리는 자신이 전하는 하나님의 말씀이 성령의 역사를 통하여 복되게 해달라고 기도하는 것으로 만족해선 안 된다. 주님은 우리가 성령으로 충만하길 원하신다. 성령 충만하면 그때 우리가 전하는 하나님의 말씀은 성령과 그분의 권능을 나타내는 증거가 될 것이다.

4. 오순절 날 실제로 성령 충만을 받는 일이 일어났다. 그날 성령 충만함을 받은 사람들은 성령께서 말하게 하심을 따라 각기 다른 방언으로 말하기 시작하였다.

5. 그러므로 우리는 복음 사역자와 성령의 관계가 어떠

해야 하는지 깨달을 수 있다. 복음 사역자는 성령께서 자기 안에 거하시며, 날마다 자신을 가르치시며, 설교하고 심방할 때 예수님을 증거할 수 있도록 힘주신다는 사실을 확신하여야 한다. 그는 쉬지 않고 기도함으로써 성령의 장중에 사로잡히며 그분의 능력을 힘입어야 한다.

6. 주님이 사도들에게, 성령이 너희에게 임하시면 너희가 권능을 받으리라고 약속하시면서 성령의 도래를 기다리라고 명하셨음은 곧 이렇게 말씀하신 것이나 다름없다. "성령의 권능을 받지 않고서 복음을 전하려고 하지 마라. 복음을 전하려면 반드시 성령을 받아야 한다. 복음을 전할 때 모든 것을 성령께 의지하라."

7. '영의 직분'이란 말에서 깨달은 교훈은 무엇인가? 이 말의 의미를 이해하는 사람이 과연 몇 명이나 될까! 이 말씀대로 사는 사람은 소수에 불과하지 않은가! 우리는 성령의 권능을 체험한 적이 별로 없지 않은가! 그렇다면 이제 우리는 어떻게 해야 하는가? 매일 성령을 의지하며 살지 않음으로 인해 그분을 심히 근심하게 하였음을 회개하여야

한다. 그리고 주님이 우리를 변화시켜 주실 줄 믿고 어린 아이처럼 성령의 인도하심에 전적으로 순종해야 한다. 또한 쉬지 않고 기도하는 가운데 날마다 주님과 교제하여야 한다. 그럴 때 주님이 우리에게 성령을 생수의 강처럼 부어 주실 것이다.

하나님의 말씀을 읽지 않고, 기도하지 않음은 영적으로 죽은 것이다. 하나님의 말씀을 많이 읽지만 거의 기도하지 않는다면, 그것은 영적으로 건강하지 못하다는 증거이다. 기도는 많이 하지만 하나님의 말씀을 거의 읽지 않는 것도 영적으로 병들었다는 증거이다. 매일 하나님의 말씀을 읽으며 쉬지 않고 기도해야 영적으로 건강한 삶, 힘 있는 삶을 유지할 수 있다. 예수님을 기억하라. 주님은 일평생 하나님의 말씀을 영의 양식으로 삼으셨다. 주님은 광야에서 사탄에게 시험당하셨을 때 하나님의 말씀으로 물리치셨듯이 십자가에 달려 "나의 하나님, 나의 하나님, 어찌하여 나를 버리셨나이까"라고 부르짖을 때까지 항상 하나님의 말씀을 의지하셨다.

주님은 자신의 기도 생활을 통해 우리에게 두 가지 사실을 가르쳐 주셨다. 첫째, 하나님의 말씀은 우리에게 기도할 수 있는 힘을 제공하며 하나님으로 말미암는 모든 것을 기대할 수 있도록 용기를 북돋워 준다. 둘째, 하나님의 모든 말씀이 우리에게 성취되는 삶을 살 수 있는 비결은 오직 기도뿐이다. 그렇다면 어떻게 해야 하나님의 말씀과 기도 중 어느 것 하나 무시하지 않을 수 있을까? 방법은 단 한 가지이다. 우리의 삶이 완전히 변화되어야 한다. 육신의 필요를 위해 날마다 기도하는 것이 당연하듯이 늘 하나님의 말씀을 사모하며, 하나님과 교통하는 새로운 삶, 건강한 삶, 영적인 삶을 추구해야 한다. 내 속사람으로는 하나님의 법을 즐거워하되 내 지체 속에서 한 다른 법이 내 마음의 법과 싸우고 있음을 아는 우리는 하나님이 성령의 권능으로 역사하셔서 우리로 하여금 새로운 삶, 능력 있는 삶을 살게 해 주실 줄 확신해야 한다.

우리는 성령께서 본질적으로 말씀의 영, 기도의 영이심을 이해해야 한다. 성령은 하나님의 말씀이 우리 영혼의 빛과 기쁨이 되게 해 주실 것이다. 또한 성령은 우리가 기도하는 가운데 하나님의 뜻을 알고 기쁨을 누리도록 도와주실 것이다. 성도들에게 그들을 위하여 예비된 신령한 상속

물에 대해 설명해 주고 싶다면, 지금 이 순간부터 우리가 먼저 전적으로 성령의 인도하심을 따라야 한다. 말씀과 기도의 영이신 성령께서 우리 안에 역사하셔서 그리스도를 본받는 삶을 살게 해 주실 줄 믿어야 한다.

우리 안에 거하시는 성령께서는 주 예수의 영이시며 우리가 주님의 삶에 동참할 수 있도록 역사하시는 분임을 확신하라. 이 사실을 굳게 믿고 명심한다면 우리는 변화되어 하나님의 말씀과 기도로 능치 못한 일이 없으리라고 담대히 외치게 될 것이다. 이 진리를 확신하고 소망을 가져라.

끊이지 않고 지속적으로 간구하는 태도야말로 성공적인 기도의 진수다.

– E.M. 바운즈

우리는 하나님의 말씀을 선포할 때 마른 뼈들에게 힘줄이 생기고 살이 붙는 놀라운 일을 목격한다. 그러나 한 걸음 더 나아가 하나님이 그들에게 생기를 주셔서 그들이 살아 일어나는 역사를 목격하려면 성경의 가르침대로 늘 기도해야 한다.

17. 말씀 선포와 기도

우리는 에스겔 골짜기의 마른 뼈 환상에 대해 잘 알고 있다. 여호와 하나님은 에스겔 선지자에게 말씀을 대언하도록 명하셨다(겔 37:4-5). 에스겔 선지자가 하나님의 말씀을 대언하자 소리가 나며, 뼈들이 움직이더니 서로 들어맞고, 뼈에 힘줄이 생기고 살이 오르며, 그 위에 가죽이 덮였으나 그 속에 생기는 없었다. 에스겔 선지자가 마른 뼈들에게 하나님의 말씀을 대언하였더니 이처럼 놀라운 일이 일어났다. 이것은 하나님의 큰 군대가 새로 형성되는 기적의 시작이었다. 이것은 마른 뼈들이 살아나는 역사의 시작이었지만 아직 그들에게는 생기가 없었다. 그때 여호와 하나님이 다시금 에스겔 선지자에게 말씀을 대언하도록 하셨다.

> "또 내게 이르시되 인자야 너는 생기를 향하여 대언하라 생기에게 대언하여 이르기를 주 여호와께서 이같이 말씀하시기를 생기야 사방에서부터 와서 이 죽음을 당한 자에게 불어서 살아나게 하라 하셨다 하라"(겔 37:9).

에스겔 선지자가 하나님이 명하신 대로 대언하자 죽은 자들에게 생기가 들어가 그들이 살아 일어나서 큰 군대를 이루었다. 처음에 에스겔 선지자가 마른 뼈들에게 하나님의 말씀을 대언하였을 때 큰 군대를 이룰 수 있는 새로운 육신들이 생겨났다. 그러나 더욱 놀라운 일 곧 그들에게 생기가 들어가 그들이 살아나게 된 것은 기도의 결과였다. 성령의 권능이 기도를 통하여 나타난 것이다.

마른 뼈들에게 하나님의 말씀을 대언하며, 하나님의 약속을 선포하는 것은 대개 우리 설교자와 목회자들의 사역이 아닌가? 우리의 사역은 때때로 큰 결과를 초래한다. 우리의 사역 결과, 경건하지 않은 사람은 경건해지고 경건한 사람은 더욱 경건해지는 역사가 일어나지만 "그 속에 생기는 없더라"가 일반적인 양상이다. 그러므로 말씀 선포에는 항상 기도가 뒤따라야 한다. 우리는 하나님의 말씀을 선포할 때 마른 뼈들에게 힘줄이 생기고 살이 붙는 놀라운 일을 목격한다. 그러나 한 걸음 더 나아가 하나님이 그들에게 생기를 주셔서 그들이 살아 일어나는 역사를 목격하려면 성경의 가르침대로 늘 기도해야 한다.

우리의 사역에 변화가 있어야 함을 인정하는가? 우리는 복음 사역을 위하여 항상 기도한 베드로를 본받아야 한다. 열심히 하나님의 말씀을 선포했다면 기도도 열심히 해야 한다. 쉬지 않고 기도한 바울처럼 기도하는 일에 최선을 다해야 한다. 하나님은 "생기야 사방에서부터 와서 이 사망을 당한 자에게 불어서 살게 하라"는 우리의 기도에 반드시 응답하실 것이다.

비록 우리의 바람이 미약할지라도 하나님을 찾기로 결심하면
하나님은 우리 마음속에 역사하셔서 주를 경외하도록 하실 것이다.

18. 전심으로 하나님을 찾을 때

우리는 무슨 일에든지 전심전력하지 않으면 성공하기 어렵다는 사실을 경험적으로 알고 있다. 자기 일에 최선을 다하지 않는 학생, 교사, 사업가, 용사를 상상해 보라. 그런 사람들로부터 성공을 기대할 수 없다. 기도하며 항상 하나님을 기쁘시게 해드리는 영적 사역에 있어서도 전심전력은 필수이다. 하나님은 우리에게 이같이 말씀하신다.

"너희가 온 마음으로 나를 구하면 나를 찾을 것이요 나를 만나리라"(렘 29:13).

하나님의 수많은 종이 "저는 전심으로 하나님을 찾고 있습니다"라고 말하지만, 당신이 보기에 그들 중 전심으로 하나님을 찾는 사람들이 얼마나 되는가? 그들이 자신의 죄에 대해 절망할 때는 전심으로 하나님을 찾는 듯하지만 죄 사함 받고 난 후 곧 태도가 바뀐다. 비록 그들이 부분적이나마 크리스천다운 면모를 보여 주기는 하여도 그들에 대해 "이 사람은 전심으로 하나님을 따르며 항상 주님을 섬기는 일에 최선을 다하고 있습니다"라고 평가하기는 어렵다.

그렇다면 당신은 어떠한가? 당신의 양심은 자신에 대해 뭐라고 말하는가? 자신의 의무를 충실히, 열심히 감당하고 있긴 하지만 이렇게 시인할 수밖에 없을 것이다. "제가 기도 생활에 충실하지 못한 이유는 모든 것을 포기한 채 하나님과의 교제에 전심전력하고 있지 않기 때문임을 솔직히 고백합니다." 기도하는 가운데 문제를 숙고한 후 답을 하나님께 맡기는 것이 얼마나 중요한가! 하나님이 제시해 주신 답을 그대로 받아들이는 것이 필수적이지 않은가!

기도하지 않음은 별도로 해결할 수 있는 문제가 아니다. 왜냐하면 기도하지 않음은 우리의 마음 상태와 연관 있으며, 그것은 삶의 방식이기 때문이다. 우리는 두 마음을 갖지 않아야 진정으로 기도할 수 있다. 두 마음을 가진 상태에서는 "저는 전심으로 하나님을 찾고 있습니다"라고 말할 수 없다. 우리가 자기 힘으로 한마음을 갖기란 불가능하지만 하나님은 하실 수 있다. 하나님은 우리에게 주를 경외하는 마음을 주겠다고 약속하셨다. 또한 우리 마음에 주의 법을 새기겠다고 약속하셨다. 하나님의 이 약속은 기도하고 싶은 우리 마음을 각성시킨다. 비록 우리의 바람이 미약할지라도 하나님을 찾기로 결심하면 하나님은 우리 마음속에 역사하셔서 주를 경외하도록 하실 것이다. 우리 마음을 감화시키는 것은 성령의 역사이다. 성령은 우리가 전심으로 하나님을 찾게 하신다. 이 세상의 많은 것들에 마음을 빼앗기고 있기 때문에 전심으로 하나님과 교제하지 못한다고 고백하는 사람은 두 마음을 가졌음을 시인해야 할 것이다.

하나님과 함께하는 시간을 당신의 삶에서
가장 큰 기쁨으로 여겨라. 그렇게 하는 것이야말로
많은 열매를 맺는 사역을 위한 가장 확실한 준비이다.

19. 기도, 하나님과 함께하는 시간

예수님은 주를 믿는 성도나 주님에게 복 받고 싶어하는 모든 자들에게 "나를 따르라"고 말씀하신 것이 아니라, 단지 사람을 낚는 어부로 삼으려고 택하신 제자들에게 이 말씀을 하셨다. 주님은 처음으로 사도들을 부르실 때 뿐 아니라 나중에 베드로에게도 이같이 말씀하셨다.

"세베대의 아들로서 시몬의 동업자인 야고보와 요한도 놀랐음이라 예수께서 시몬에게 이르시되 무서워하지 말라 이제 후로는 네가 사람을 취하리라 하시니"(눅 5:10).

뭇 영혼을 낚으며, 그들을 사랑하고 구하는 거룩한 기술은 그리스도와 긴밀하고 지속적인 관계를 유지할 때 비로소 익힐 수 있다. 이는 목회자, 복음 사역자, 그 외의 성도들이 유념해야 할 교훈이지 않은가! 주님과의 친밀한 관계는 그분의 제자들이 누린 소중한 특권이었다. 주님은 그들이 항상 자신과 동행하며 곁에 머물도록 하기 위해서 그들을 택하셨다. 마가는 예수님이 열두 제자를 택하신 목적에 대해 이렇게 기록하였다.

"이에 열둘을 세우셨으니 이는 자기와 함께 있게 하시고 또 보내사 전도도 하며"(막 3:14).

주님은 제자들과 최후의 만찬을 드시던 저녁에 이같이 말씀하셨다.

"너희도 처음부터 나와 함께 있었으므로 증언하느니라"(요 15:27).

예수님의 제자들이 항상 주님과 함께한 것은 외부인들도

목격한 사실이었다. 예를 들면, 한 비자(婢子)는 예수님이 체포당하신 날 밤에 베드로를 가리켜 "너도 갈릴리 사람 예수와 함께 있었도다"(마 26:69)라고 증언하였다. 그리고 베드로와 요한이 기탄없이 말하는 것을 본 산헤드린 공회원들 역시 똑같은 증언을 하였다.

"그들이 베드로와 요한이 담대하게 말함을 보고 그들을 본래 학문 없는 범인으로 알았다가 이상히 여기며 또 전에 예수와 함께 있던 줄도 알고"(행 4:13).

그리스도의 증인이 된 특성과 증인으로서의 꼭 필요한 자질은 항상 주님과 함께하는 데 있다. 그리스도와의 지속적인 교제만이 성령의 생도들을 양성하는 유일한 터전이다. 이 사실은 우리 모두를 위한 교훈이지 않은가! 갈렙처럼 신실하게 주님을 따르는 자만이 다른 사람들에게 예수님을 따르는 기술을 가르쳐 줄 수 있다. 그러나 주님께서 우리가 주를 본받도록 훈련시켜 다른 사람들이 우리를 본받게 하심은 하나님의 크신 은혜이다. 그리하여 우리가 주님을 본받을 때 우리는 사도 바울처럼 말할 수 있다.

"내가 그리스도를 본받는 자가 된 것 같이 너희는 나를 본받는 자가 되라"(고전 11:1).

예수 그리스도께서 하나님의 말씀을 전하는 자들과 함께하시는 것처럼 자기 생도들과 생사고락을 함께할 스승은 없다. 주님은 우리를 위하여 그 어떤 고통도 마다하지 않으시며, 언제라도 자기 시간을 내어주실 것이다. 우리를 사랑하셔서 십자가를 지신 주님은 우리와 교제하며 대화를 나누기 원하시며 우리가 주님을 본받아 거룩하기 원하시며, 우리가 하나님께 받은 소명을 감당할 수 있도록 능력을 주고 싶어하신다. 그런데도 우리는 기도하느라 많은 시간을 내어야 하는 것에 대해 감히 불평하는가? 우리를 위하여 모든 것을 희생하신 주님의 사랑에 감격하며, 매일 주님과 교제하는 것을 우리의 가장 큰 즐거움으로 여겨야 하지 않겠는가? 당신은 자신이 담당한 복음 사역이 복되길 원하는데, 주님은 그런 당신에게 "나와 함께하라"고 명하신다. 하나님과 함께하는 시간을 당신의 삶에서 가장 큰 기쁨으로 여겨라. 그렇게 하는 것이야말로 많은 열매를 맺는 사역을 위한 가장 확실한 준비이다.

주님, 저를 주께 더 가까이 이끄시며, 저를 도와주시고, 저를 꼭 붙잡아 주옵소서! 제게 날마다 믿음으로 주님과 교제하면서 사는 법을 가르쳐 주옵소서!

구속받은 주의 자녀들은 하나님의 사랑과 그리스도의 은혜와 성령의 권능의 역사를 다른 사람들에게 전달하는 통로이다.

20. 삼위일체 하나님의 사역

하나님은 항상 순수한 사랑과 복이 넘쳐나는 샘이시다. 그리고 그리스도는 하나님의 은혜가 충만하여, 우리를 위하여 개방된 저수지와 같고 성령은 하나님과 어린 양의 보좌 아래로 흐르는 생수의 강과 같다. 구속받은 주의 자녀들은 하나님의 사랑과 그리스도의 은혜와 성령의 권능의 역사를 다른 사람들에게 전달하는 통로이다.

하나님은 뭇사람에게 주의 은혜를 나누어 주는 일에 우리를 동참시키고 계신다. 우리가 기도하는 가운데 하나님께 자신의 필요를 아뢰는 것은 기도 생활의 시작에 불과하다. 영광스러운 기도는 우리가 아직도 흑암 중에 있는 영혼들에게 그리스도의 은혜와 성령의 권능을 전하기 위하여 중보 기도하는 것이다.

수로가 저수지에 가까우면 가까울수록 물이 힘차게 수로를 통해 흘러내린다. 이와 마찬가지로 우리가 기도하는 가운데 그리스도의 충만하심과 성령의 권능에 온전히 사로잡혀, 주님과 더욱 긴밀한 교제를 나누면 나눌수록 우리의 삶은 더욱 기쁨과 능력이 넘쳐날 것이다. 하지만 이것은 진정한 기도 사역을 위한 준비에 불과하다. 삼위일체 하나님과 친밀한 교제를 나누면 나눌수록 우리는 즉시 가족과 이웃, 성도들을 위하여 중보 기도할 용기와 힘을 얻게 될 것이다.

과연 우리는 통로가 열려 있으므로 건조하고 메마른 광야에 거하는 갈급한 영혼, 잃어버린 영혼들에게 생명수를 전달하는 수로인가? 당신은 성령의 권능을 드러내는 참된 도구인가?

우리가 기도의 능력을 체험하지 못하는 이유는 자기 자신과 자신의 필요만을 생각하기 때문이다. 주님이 우리에게 명하시는 새로운 기도 생활은 우리 주위의 영혼들이 주님을 알고 믿도록 간구하는 중보 기도로서만이 유지되고 힘을 얻을 수 있다. 하나님은 항상 사랑과 복이 넘쳐나는 샘이시며, 하나님의 자녀인 우리는 날마다 이 세상에 성령과 그분의 생명을 전달하는 살아 있는 통로임을 기억하라.

기도는 우리를 정화하고 성결케 하시는 주님과
성령의 도우심을 간구하며 힘입는 것이므로
우리 삶을 변화시키며 새롭게 할 수 있다.

21. 기도와 삶

우리의 기도가 매일의 삶에 영향을 끼치듯 매일의 삶 역시 우리의 기도에 큰 영향을 끼친다. 사실 우리의 삶은 끊임없는 기도이다. 우리는 우리의 행동과 다른 사람들을 대하는 태도로 늘 하나님을 찬양하거나 그분께 감사를 드린다. 기도에 전념하는 사람은 항상 기도와 하나님을 기쁘시게 하는 일을 생각하기 마련이다. 이와 달리 간혹 하나님이 당신의 기도를 듣지 않으시는 까닭은 그분께 부르짖는 당신의 기도 속에 세속적 욕구가 더 강하고 크기 때문이다.

방금 얘기했듯이 우리의 삶은 기도에 큰 영향을 끼친다.

예를 들면, 세속적인 삶이나 이기적인 삶은 우리의 기도를 무력하게 만들며 응답받지 못하게 한다. 일상 생활과 기도 생활이 충돌할 때 일상 생활을 우선시하는 크리스천들이 많다. 이와 달리 기도가 매일의 삶에 강한 영향을 끼칠 수도 있다. 만일 내가 기도하는 가운데 하나님께 온전히 순종한다면 육신의 욕구와 죄를 정복할 수 있을 것이다. 즉 나의 모든 삶은 기도의 다스림을 받게 될 것이다. 기도는 우리를 정화하고 성결케 하시는 주님과 성령의 도우심을 간구하며 힘입는 것이므로 우리 삶을 변화시키며 새롭게 할 수 있다.

많은 사람들이 자신의 불완전한 영적 삶 때문에 좀 더 열심히 기도해야겠다고 생각한다. 그들은 영적 삶이 강화됨에 따라 자연히 기도하는 시간도 늘어난다는 사실을 이해하지 못하고 있다. 기도와 삶은 불가분의 관계이다.

하루에 5분에서 10분 동안 하는 기도와 하루 종일하는 세속적인 생각 중 당신에게 더 큰 영향을 끼치는 것은 무엇인가? 후자라면 기도 응답을 받지 못하더라도 놀라지 마라. 일상 생활과 기도 생활이 충돌하기 때문에, 기도하는 것보다 사는 것에 더 신경 쓰기 때문에 기도 응답을 받지 못하는 것은 당연하다. 여기서 우리는 역설적인 교훈을 얻을 수 있다. 기도가 우리의 모든 삶을 지배해야 한다는 교훈이다. 우리가 기도하는 가운데 하나님께 간구하는 것은 5분 내지 10분 만에 해결되지 않는다. 그러므로 "저는 전심으로 기도합니다"라고 말하는 법을 배워야 한다. 우리는 하나님께 간구한 것에 대해 하루 종일 생각하여야 한다. 그때 비로소 확실한 응답의 길이 열릴 것이다.

우리가 전심전력할 때 하나님이 우리 기도에 응답하실 것이다. 여기서 '전심전력한다'는 말은 항상 하나님과 교제하는 것을 의미한다. 그럴 때 우리는 "주님, 저는 하루 종일 주를 앙모하나이다!"라고 고백할 수 있다. 우리는 하나님과 함께하는 기도 시간의 양뿐 아니라 전심을 다하는 기도의 질에 대해서도 유의하여야 한다. 열두 사도는 이같이 말하였다.

> "열두 사도가 모든 제자를 불러 이르되 우리가 하나님의 말씀을 제쳐 놓고 접대를 일삼는 것이 마땅하지 아니하니"(행 6:2).

그리하여 각자의 일을 분담하기 위해 그들은 일곱 집사를 선출하였다.

"형제들아 너희 가운데서 성령과 지혜가 충만하여 칭찬 받는 사람 일곱을 택하라 우리가 이 일을 그들에게 맡기고 우리는 오로지 기도하는 일과 말씀 사역에 힘쓰리라 하니"(행 6:3-4).

알렉산더 화이트(Alexander Whyte) 목사는 이같이 말하였다. "저는 제가 보수를 받는 일에 충실합니다. 그러나 초대교회의 집사들은 아무런 보수를 받지 않고서도 맡은 일을 충실히 감당하였습니다. 저는 과연 쉬지 않고 기도하며 하나님의 말씀을 전하는 일에 충실한지 종종 반문해 봅니다."

베드로의 경우를 살펴보면 쉬지 않고 기도하는 것이 어떤 것인지 알 수 있다. 베드로는 기도하기 위하여 지붕에 올라갔었다. 그는 기도하던 중 이방인들에게도 복음을 전해야 함을 깨우쳐 주는 환상을 보았다. 그때 고넬료가 보낸 하인들이 베드로를 찾아오자 성령께서 베드로에게 그들을 따라가라고 말씀하셨다. 그리하여 가이사랴의 고넬료 집을 방문한 베드로는 거기서 이방인들에게도 성령이 임하시는 것을 목격하였다. 이 모든 사실은 우리가 기도할 때 하나님의 뜻을 분별하여, 하나님의 말씀을 전해야 할 대상이 누구인지 알아 성령께서 우리를 통하여 하나님의 말씀을 힘 있게 증거하신다는 사실을 확신할 수 있음을 일깨워 준다.

성도들이 당신에게 사례비와 사택을 제공하는 이유는 당신이 기도와 하나님의 말씀을 전하는 일에 전념하도록 하기 위해서이다. 이 사실을 이해하면 당신의 사역을 감당하는 데 필요한 지혜와 구별된 자세를 지니게 될 것이다. 바로 이것이 열매 맺는 사역의 비결이다.

베드로는 성령 충만하였으므로 담대히 하나님의 말씀을 전하고, 그 말씀대로 행할 수 있었다. 성령께서 우리를 온전히 사로잡고 주님이 우리 삶의 주인이 되시기 전에는 그 무엇에도 만족하지 말자. 주님과 성령 외에는 우리에게 참된 능력을 줄 수 있는 것이 전혀 없다. 온전히 주님을 의지할 때 비로소 "하나님, 저를 성령의 도구로 사용하여 주옵소서!"라고 말할 수 있다.

하지만 하나님이 역사하시려면 우리의 끊임없는 기도가 필요하다. 하나님이 반드시 역사하시리라는 믿음과 더불어 자신만의 기도 처소가 꼭 필요하다.

22. 육신에 속한 사람, 영에 속한 사람

 육신을 좇아 사는 삶과 영적인 삶은 큰 차이가 있다. 그러나 많은 사람들이 이 사실을 잘 모르거나 별로 숙고하지 않는다. 성령을 좇아 살며, 자기 육신을 그 정욕과 탐심과 함께 십자가에 못 박은 크리스천은 영적인 사람이다(갈 5:24). 이에 반해 육신을 좇아 살며, 육신의 일을 도모하는 크리스천은 육신에 속한 사람이다(롬 13:14). 갈라디아 교인들은 성령으로 시작하였다가 육신의 삶으로 되돌아갔다. 그러나 개중에는 주께 순종함으로 돌이킬 수 있는 영적인 사람들이 있었다.

육신에 속한 크리스천과 영적인 크리스천은 구별된다(고전 3:1-3). 육신에 속한 크리스천은 외면적으로 신앙적이며, 열심히 하나님을 섬기는 것처럼 보이지만 실상 거의 모든 일을 육신의 소욕대로 행한다. 반면에 영적인 크리스천은 전적으로 성령의 인도하심을 따르며, 자신의 연약함을 깨닫고 오로지 그리스도만을 의지한다. 즉 그는 성령에 사로잡혀 늘 그리스도와 교제하는 삶을 산다.

우리가 영적인 크리스천인지 육신에 속한 크리스천인지를 깨닫고 하나님 앞에서 솔직히 시인하는 것은 매우 중요하다. 교인들에게 열심히 기독교의 정통 교리를 가르치며 열정적으로 하나님을 섬기지만, 인간적 지혜와 힘만을 의지하는 목회자가 있다. 그 사람의 표징 중 하나는 그리스도와 교제하는 기쁨이 없거나 별로 기도하지 않는 것이다. 기도하기를 아주 좋아하는 것은 영적인 크리스천의 표징 중 하나이다.

육신에 속한 크리스천이 영적인 크리스천으로 변화될 수 있는 길이 있다. 처음에 변화하려면 무엇이 필요한지, 변화가 어떻게 일어나는지를 이해하지 못한다. 그러나 점차 진리를 깨달을수록 하나님이 역사하시지 않는 한 스스로 변화될 수 없음을 이해하게 된다. 하지만 하나님이 역사하시려면 우리의 끊임없는 기도가 필요하다. 하나님이 반드시 역사하시리라는 믿음과 더불어 자신만의 기도 처소가 꼭 필요하다. 우리가 믿고 기도할 때 하나님이 반드시 응답하실 것이다. 자신이 먼저 육신에 속한 단계를 벗어나 영적인 단계에 이르지 않고서야 어찌 다른 사람들에게 이같이 말할 수 있겠는가?

"형제들아 내가 신령한 자들을 대함과 같이 너희에게 말할 수 없어서 육신에 속한 자 곧 그리스도 안에서 어린 아이들을 대함과 같이 하노라"(고전 3:1).

하나님은 당신이 변화되도록 인도하실 것이다. 그러므로 당신이 해야 할 일은 믿고 기도하는 것이다.

믿음은 주의 자녀들이 기도로 하나님께 아뢴 것을 이루기 위하여,
친히 사람들을 움직이시는 하나님을 의지하는 것이다.

23. 기도의 사람들

조지 뮬러(George Muller)

하나님께서 사도 바울을 통해 모든 세대의 크리스천들에게 기도의 표본을 보여 주셨듯이, 근래에는 조지 뮬러를 통해 주님이 우리 기도를 들으시고 응답해 주신다는 사실을 보여 주셨다. 하나님은 일평생 고아들을 위해 헌신한 뮬러에게 필요한 물질을 주셨다. 그뿐 아니라 뮬러의 간증에 의하면, 그의 기도에 응답하셔서 그가 삼만 명 이상의 영혼을 구원하게 하셨다. 뮬러가 구원받을 줄 믿고 날마다 (심지어 오십 년 동안) 기도한 대상에는 고아들뿐 아니라 다른 사람들도 많았다. 누군가가 뮬러에게 하나님이 반드시 기도를 들어주실 줄 믿는 근거가 무엇이냐고 질문하자 그는 이렇게 대답하였다. "저는 성경에 근거하여 쉬지 않고 기도하였습니다. 저는 성경 말씀을 읽고서 하나님이 제 기도에 반드시 응답하실 것이라고 확신했습니다."

1. "하나님은 모든 사람이 구원을 받으며 진리를 아는 데에 이르기를 원하시는 분(딤전 2:4)이므로 그들을 구원하는 것이 주님의 뜻인 줄 확신하고 조금도 의심하지 않았습니다. 또한 '그의 뜻대로 무엇을 구하면 들으심이라'(요일 5:14)는 말씀을 믿었습니다."

2. "저는 그들의 구원을 위하여 제 이름으로 구하지 않고 오직 예수님의 복된 이름으로 기도하였습니다"(요 14:14).

3. "저는 항상 하나님이 제 기도를 들어주실 줄 굳게 믿었습니다"(막 11:24).

4. "저는 '내가 나의 마음에 죄악을 품었더라면 주께서 듣지 아니하시리라'(시 66:18)는 말씀을 읽은 후부터 자의적으로 죄를 짓지 않았습니다."

5. "저는 '하나님께서 그 밤낮 부르짖는 택하신 자들의 원한을 풀어 주지 아니하시겠느냐'(눅 18:7)라는 말씀을 기억하고 하나님이 응답하실 때까지 어떤 이들을 위하여 오십 년 이상 기도하였습니다."

조지 뮬러의 간증을 명심하고 그가 일러준 법칙대로 기도하라. 기도는 단순히 자신의 바람을 피력하는 것이 아니라 하나님이 우리 기도를 들으시는 줄 믿고 그분과 교제하는 것이다. 조지 뮬러가 걸어간 길은 은혜의 보좌로 나아가는 새로운 길, 생명의 길로서 우리 모두에게도 활짝 열려 있다.

허드슨 테일러(Hudson Taylor)

허드슨 테일러는 젊었을 때에 하나님이 자기를 중국에 보내려고 하신다는 확신을 가졌다. 그는 조지 뮬러에 관한 책을 읽고 하나님이 뮬러의 기도에 응답하여 그와 그의 고아들을 돌보아 주셨음을 알았다. 테일러는 그때부터 자기도 뮬러처럼 하나님을 믿고 의지할 수 있게 해달라고 기도하기 시작하였다. 그러나 그는 자신이 뮬러와 같은 믿음을 지니고서 중국에 가기 원한다면 먼저 영국에서부터 믿음의 삶을 살아야 한다고 생각하였다. 그는 그러한 삶을 살 수 있게 해달라고 주님께 간구하였다. 병원에 취직하여 의사 조수로 근무한 테일러는 봉급 문제로 기도하지 않게 해달라고 하나님께 간구한 후, 의사가 자기에게 제때 봉급을 지급하도록 그의 마음을 움직이는 문제를 전적으로 하나님께 맡겼다. 그러나 의사는 친절한 사람이긴 하였지만 직원들의 봉급을 미루기 일쑤였다. 이 때문에 테일러는 경제적으로 많은 어려움을 겪었다. 그는 조지 뮬러처럼 "아무에게든지 아무 빚도 지지 말라"(롬 13:8)는 말씀을 물질적인 빚을 져서는 안 된다는 의미로 이해하였으므로 간절히 기도하였다.

이렇게 하여 테일러는 하나님을 통하여 사람들을 움직이는 법을 배웠는데 이것은 나중에 그가 중국에서 선교할 때 큰 힘이 되었다. 그는 중국인들을 개종시키는 일, 크리스천들로부터 선교 헌금을 모금하는 일, 믿음으로 행하는 선교사들을 구하는 일 등 이 모든 일에서 오직 기도와 간구로 구할 것을 하나님께 아뢴 후, 친히 사람들을 움직여 주님의 뜻을 이루시는 하나님을 굳게 의지해야 한다고 믿었다.

허드슨 테일러가 중국에서 사역한 지 몇 년 후 하나님께 스물네 명의 선교사를 보내 달라고 기도하였다. 왜냐하면 두 사람이 한 조가 되어 중국의 열한 개 지역을 담당할 스물두 명과 몽골을 담당할 두 명을 합하여 모두 스물네 명의 선교사가 필요하였기 때문이다. 하나님은 그의 기도에 응답하셔서 스물네 명의 선교사를 보내 주셨다. 그러나 그들을 임지에 파송하고 후원할 선교 단체가 나타나지 않았다. 테일러는 필요한 것을 채워 주시는 하나님을 신뢰하는 법을 배웠음에도 스물네 명의 선교사들에 대해서는 스스로 책임을 떠맡으려고 하지 않았다. 왜냐하면 그는 그들의 믿음이 나약해지지 않을까 염려하였기 때문이었다. 이 문제로 심각하게 고민한 그는 급기야 병까지 났으나 마침내 하나님이 친히 스물네 명의 선교사들을 돌봐 주실 것임을 깨달았다. 테일러는 그제야 비로소 그들에 대한 책임을 기꺼이 떠맡았다. 하나님은 수많은 믿음의 시련을 통하여 그가 전적으로 주님을 신뢰할 수 있도록 하셨다. 세월이 흐르자 스물네 명의 선교사는 하나님이 모든 것을 책임져 주시리라고 믿고 의지하는 일천 명의 선교사로 불어났다. 다른 선교 단체들은 다음과 같이 말하고 그대로 실천한 허드슨 테일러에게 많은 것을 배웠다고 증언하였다. "믿음은 주의 자녀들이 기도로 하나님께 아뢴 것을 이루기 위하여, 친히 사람들을 움직이시는 하나님을 의지하는 것입니다."

성경 인물들은 그들의 약점에 넘어지지 않고 오히려
강점에 넘어진다.
- 오스왈드 챔버스

하나님은 죄 많은 세상에 살고 있는 우리에게
필요한 모든 것을 공급하시기 위하여 영원토록
마르지 않는 축복의 구원인 기도의 골방을 허락하셨다.

24. 기도의 골방

우리 주님은 사람들에게 보이려고 한 외식자의 기도와 말을 많이 하여야 들으시는 줄 생각한 이방인의 기도에 대해 언급하셨다. 그들은 은밀한 중에 보고 들으시는 하나님께 은밀히 기도하지 않는 한 아무 소용없음을 이해하지 못하였다. 주님은 마태복음 6:6에서 우리가 각자의 골방에서 하나님께 기도하는 것이 큰 복임을 가르쳐 주신다. 이 사실을 분명히 이해하기 위해 기도의 골방에서 발산되는 빛에 대해 살펴보자.

1. 하나님의 크신 사랑

먼저 하나님의 위대하심, 거룩하심, 영화로우심에 대해 생각하라. 그리고 나서 우리가 아무리 악하거나 부정해도 원하기만 하면 언제든지 하나님께 나아가 그분과 얘기할 수 있도록 우리를 불러 주시는 하나님의 은혜, 즉 우리가 하나님께 받은 엄청난 특권에 대해 상상해 보라. 하나님은 주의 자녀가 언제라도 기도의 골방에 들어서면 그를 만나 주실 준비가 되어 있다. 하나님은 언제든지 그와 교제하고, 자신이 늘 그와 함께하며 그를 위해 모든 것을 책임져 주실 줄 확신시킴으로 그에게 기쁨과 힘을 부여하실 준비가 되어 있다. 더욱이 하나님은 주의 자녀가 복된 삶을 살게 하며 그가 은밀한 중에 구하는 모든 것을 주겠다고 약속하셨다. 그러므로 우리는 감격하여 "이 얼마나 큰 복인가! 구원의 복된 소식이지 않은가!"라고 외쳐야 한다.

당신은 하나님이 필요한 모든 것을 풍성하게 공급해 주심을 체험하고 있는가? 심각한 고민거리가 있거나 죄를 지은 사람이 있을 것이다. 일상 생활 중에 물질적 복이나 영적인 복을 원하는 사람도 있을 것이다. 아마 자신이나 가족, 교인이나 교단을 위하여 기도하고 싶을 것이다. 혹은 은밀한 중에 기도하면 무엇이든지 들어주시리라는 하나님의 약속을 믿고 온 세상을 위하여 중보 기도하고 싶을 것이다.

> "너는 기도할 때에 네 골방에 들어가 문을 닫고 은밀한 중에 계신 네 아버지께 기도하라 은밀한 중에 보시는 네 아버지께서 갚으시리라"(마 6:6).

주의 자녀에게 있어 언제든지 하나님을 만나며 아무런 방해를 받지 않고 그분과 교제할 수 있는 기도의 골방보다 더 소중한 곳은 없음을 명심하라. 이 땅에서 아버지의 사랑과 친구의 호의를 마음껏 누리는 아이의 행복이나 자신이 원하기만 하면 언제라도 자유롭게 왕에게 나아갈 수 있는 신하의 기쁨에 대해 생각해 보라. 그러나 이 모든 특권도 하나님이 우리에게 주신 약속에 비할 바가 못 된다. 당신은 원하기만 하면 언제든지 기도의 골방에서 하나님과 대화할 수 있다. 당신은 거기서 하나님을 의지하며 그분과 교제할 수 있다.

기도의 골방에서 우리를 만나며, 우리와 교제하고, 우리의 기도에 응답하겠다고 약속하신 하나님의 크신 사랑을 깨달았는가? 날마다 우리에게 은혜와 사랑을 베푸시는 하나님께 감사하자. 하나님은 죄 많은 세상에 살고 있는 우리에게 필요한 모든 것을 공급하시기 위하여 영원토록 마르지 않는 축복의 구원인 기도의 골방을 허락하셨다.

2. 인간의 뿌리 깊은 죄성

하나님의 모든 자녀는 언제라도 그분의 초대에 즐거이 응할 수 있는 특권을 소유하고 있다. 그러나 우리의 반응은 어떠한가? 자기 자신을 가리켜 성도라 칭하는 우리는 기도의 골방에서 하나님께 은밀히 기도할 수 있다는 사실을 짐짓 무시한다. 하나님의 자녀이면서도 기도할 수 있는 권리를 사용하지 않는 사람들이 많다. 그들은 교회에 다니며, 그리스도를 믿는다고 고백하지만 하나님과의 교제에 대해서 잘 모른다. 기도하긴 하지만 그저 양심의 고통을 완화하기 위해 이따금 기도하는 사람들이 있다. 그들은 기도에 따른 기쁨이나 복을 누리지 못한다. 육신을 보전하기 위해 매일 밥을 먹어야 하듯이 날마다 기도하는 가운데 하나님과 교제하는 것이 영의 양식임을 모르는 사람들이 많다.

기도의 골방을 무력화시키는 것은 무엇인가? 하나님과

함께하는 것보다 세상을 더 좋아하며, 하나님을 미워하는 인간의 죄성과 타락한 본성이지 않은가?

우리는 "육신의 생각은 하나님과 원수가 되나니"라고 하신 하나님의 말씀을 진정으로 믿고 있는가? 우리는 성령이 우리에게 기도할 힘을 주시지 못하도록 육신을 좇아 행하고 있지 않은가? 우리는 사탄이 기도의 병기를 빼앗아 가도록 방치함으로 그에게 굴복하고 있지는 않은가? 기도를 무시함으로 기도할 수 있는 특권을 주신 하나님의 사랑을 외면하는 우리의 모습은 인간의 뿌리 깊은 죄성을 보여 준다.

더욱 염려스러운 점은 사역자들 중에도 거의 기도하지 않는 사람들이 있다는 사실이다. 성경은 그들에게 그들의 능력은 오직 기도에 달려 있다고 말하고 있다. 그들은 기도하는 가운데 복음 사역을 위하여 하나님의 능력을 힘입을 수 있지만, 세상과 육신의 권세에 매여 있는 것 같다. 그들은 복음 사역을 위하여 헌신하지만 꼭 필요한 것, 곧 그들의 사역이 결실을 맺기 위해 꼭 필요한 기도를 빠뜨리고 있다. "하나님, 우리에게 은혜를 베푸셔서 기도를 무시하는 우리의 죄를 깨닫고 회개하게 하옵소서."

3. 예수 그리스도의 한량없는 은혜

당신은 변화에 대한 소망이 있는가? 반드시 변화되어야 하는가? 회복될 방법이 있는가? 이 모든 것을 가능하게 하시는 하나님께 감사하자! 성경은 우리를 죄에서 구원하시는 분은 우리 주 예수 그리스도이심을 가르쳐 준다. 주님은 우리를 기도하지 않는 죄에서 구할 수 있으시며, 구원하고 싶어하신다. 주님은 우리의 모든 죄를 대속하셨으므로 기도하지 않는 죄에서도 우리를 구원할 수 있으시다. 따라서 우리는 주님 앞에 나아가 이렇게 부르짖어야 한다.

"내가 믿나이다 나의 믿음 없는 것을 도와 주소서"(막 9:24).

기도하지 않는 죄를 어떻게 해결할 수 있는가? 잘 알다시피 모든 죄인은 그리스도께 나아와야 한다. 제일 먼저 어린아이처럼 기도를 무시한 죄를 시인하고 주님께 고백하라. 주님 앞에 무릎 꿇고 진정으로 자기의 죄를 뉘우치며 회개하라. 자신의 힘으로 기도할 수 있다는 어리석은 생각에 속았음을 솔직히 주께 고백하라. 육신의 연약함, 세상 권세, 자만심 때문에 길을 잃고 헤매었음을 아뢰어라. 전심으로 그렇게 하여야 한다. 자신의 해결책과 노력으로는 자기의 죄를 해결할 수 없다.

당신의 죄와 나약함을 갖고 기도의 골방에 들어가며, 지금까지 한 번도 하나님께 감사한 적이 없지만 이제 주 예수의 은혜로 말미암아 어린아이처럼 하나님 아버지와 대화할 수 있음에 대해 하나님께 감사하라. 다시 말하건대, 주님이 당신의 죄를 깨끗이 사해 주실 수 있도록 그분께 솔직하게 그리고 완전히 당신의 죄를 내놓아라.

당신의 심령이 냉담하며 죽었을지라도 그리스도께서 전능자이시자 구주이심을 믿고 끝까지 기다려라. 그리하면 주님이 당신을 기도하지 않는 죄에서 해방시켜 주실 것이다. 기대하라! 당신은 마침내 기도의 골방이 주 예수의 한량없는 은혜가 드러나는 곳임을 이해하게 될 것이다.

3부
오순절 십자가의 비밀

'자기를 낮추심', '순종하심', '자기를 희생하심' 이 세 단어는 우리에게 예수 그리스도의 품성과 사역의 완전성을 계시한다.

25. 십자가의 기도

우리는 더욱 힘 있게 사역하기 위해, 그리고 우리의 삶에 사랑이 더 넘쳐나고 우리 마음이 더 거룩해지도록 성령의 역사를 간구한다. 뿐만 아니라 성경 말씀을 보다 명확히 이해하거나 우리가 나아가야 할 길을 확실히 알기 위해서도 때때로 성령의 역사를 간구한다. 그러나 이 모든 은사는 궁극적으로 하나님의 뜻을 이루기 위한 것이다. 하나님 아버지는 독생자 예수 그리스도께 성령을 주셨으며, 예수 그리스도께서는 우리 안에 주님을 드러내며 우리를 통하여 영광 받으시기 위해 우리에게 성령을 주셨다.

그리스도께서는 우리를 위하여 항상 우리와 함께하시며, 우리 안에 거하시는 살아 있는 인격이 되셔야 한다. 우리는 이 세상에 사는 동안 날마다 주님과 교제하는 삶을 살 수 있다. 우리는 그리스도를 알고 일상 생활 중에 그분을 체험해야 하는데 성령께서 우리 안에 역사하심은 바로 이 일을 위해서이다. 하나님은 성령으로 말미암아 우리 속사람이 능력으로 강건해지며 그리하여 믿음으로 말미암아 우리 마음에 예수님이 계시고, 하나님의 모든 충만하신 것으로 하나님의 사랑이 충만하기를 원하신다.

바로 이것이 사도들에게 기쁨이 충만하였던 비결이다. 그들은 예수님을 영접하였으므로 그들 마음속에는 그리스도께서 계셨다. 그들의 관심은 오로지 주님에게 향해 있었으므로 그들은 오순절을 맞을 준비가 되어 있었다. 그들에게 있어 주님은 말 그대로 모든 것이었다. 그들은 주님 외의 것들에 대해 일절 마음을 비웠으므로 성령께서 그들에게 그리스도로 충만하게 하실 수 있으셨다. 성령 충만한 그들은 주님이 그들에게 원하시는 삶을 살 수 있는 능력을 소유하였다. 이것은 우리가 원하는 목표이며 체험하고 싶어 하는 것이 아닌가? 예수 그리스도께서는 우리가 매일 기도하는 가운데 주님과 친밀한 교제를 나누길 원하신다.

이 외에도 오순절에 관하여 발견해야 할 심오한 비밀이 더 있다. 그 이유는 하늘 보좌에 계시는 주님에 대한 우리의 개념이 너무 제한적이기 때문이다. 우리는 하나님의 영광스러운 보좌에 계시는 주님을 생각한다. 또한 사랑이 무한하시므로 우리를 위하여 자신을 내어주신 주님을 생각한다. 그러나 우리는 주님이 이 땅에서 십자가에 못 박히셨다는 사실을 잊어버리고 있다. 주님은 십자가에 못 박혔기 때문에 지금 하나님의 보좌에 계신다.

"내가 또 보니 보좌와 네 생물과 장로들 사이에 한 어린 양이 서 있는데 일찍이 죽임을 당한 것 같더라 그에게 일곱 뿔과 일곱 눈이 있으니 이 눈들은 온 땅에 보내심을 받은 하나님의 일곱 영이더라"(계 5:6).

십자가에 못 박히신 주님은 하나님이 영원토록 기뻐하시는 분이자 모든 피조물로부터 경배받으시는 분이다. 그러므로 우리가 이 세상에 사는 동안 주님이 십자가에 못 박히신 분임을 알고 그 주님을 체험하여 다른 사람들에게 주님의 성품을 증거하고 구원에 참여할 수 있는 능력을 그들과 나누는 것은 대단히 중요하다.

나는 십자가야말로 그리스도의 가장 큰 영광이라고 생각한다. 성령은 주님이 "영원하신 성령으로 말미암아 흠 없는 자기를 하나님께 드린" 때에 가장 위대하고 영광스러운 일을 하실 수 있었다(히 9:14). 이와 마찬가지로 우리가 자기 십자가를 지고 주님을 따르며 성령께서 우리 안에 역사하시도록 할 때 그분이 위대하고 영광스러운 일을 하실 수 있음이 분명하다. 여기서 이런 질문을 할 수 있다. "우리가 성령의 역사를 간구하는 기도에 응답받지 못하는 까닭은 무엇인가? 우리는 그리스도께서 십자가에 못 박히신 분임을 알고 자기 십자가를 지신 영광스러운 그리스도를 본받도록 우리를 도와주시는 성령을 너무 적게 간구하지는 않는가?"

오순절의 심오한 비밀은 이것인가? 성령은 예수님이 자신을 하나님께 드리도록 힘을 돋우어 주신 십자가에서 우리에게 오신다. 성령은 자신을 온전히 하나님 아버지께 드린 그리스도의 겸손, 순종, 자기희생을 기쁜 마음으로 바라보신 하나님으로부터 오신다. 성령은 십자가를 통하여 하나님 아버지로부터 성령을 충만하게 받을 준비를 하신 그리스도에게서 오신다. 성령은 우리에게 예수님이 죽임을 당하셨다가 하나님의 보좌에 계시는 분임을 알려 주어, 하늘에서 천사들이 주님을 경배하는 것처럼 우리도 이 땅에서 주님을 경배하도록 하기 위하여 오신다. 성령은 우리에게 십자가에 못 박히신 그리스도의 생명을 나누어 주어 우리가 이렇게 고백하도록 하기 위하여 오신다.

"내가 그리스도와 함께 십자가에 못 박혔나니 그런즉 이제는 내가 사는 것이 아니요 오직 내 안에 그리스도께서 사시는 것이라 이제 내가 육체 가운데 사는 것은 나를 사랑하사 나를 위하여 자기 자신을 버리신 하나님의 아들을 믿는 믿음 안에서 사는 것이라"(갈 2:20).

우리는 이 비밀을 이해하기 위해 십자가의 의미와 가치에 대하여 숙고하여야 한다.

첫째, 십자가가 성취한 것이 무엇인가 하는 관점이다.
예수 그리스도의 십자가는 죄 사함과 죄의 정복을 성취하였다. 이것이 갈보리 산에서 죄인들에게 전달된 첫 번째 메시지이다. 주님의 십자가는 진정한 자유와 죄의 권세로부터의 완전한 해방을 선포한다.

둘째, 십자가는 어떤 성격의 것인가 하는 관점이다. 사도 바울은 이 점에 대해 빌립보서에서 잘 설명하였다.

"사람의 모양으로 나타나사 자기를 낮추시고 죽기까지 복종하셨으니 곧 십자가에 죽으심이라"(빌 2:8).

우리는 여기서 주님이 우리 죄를 지고 자기를 낮추시고, 하나님의 뜻에 전적으로 순종하여, 십자가에 매달려 죽기까지 자기를 희생하셨음을 깨닫는다. '자기를 낮추심', '순종하심', '자기를 희생하심' 이 세 단어는 우리에게 예수 그리스도의 품성과 사역의 완전성을 계시한다.

그러므로 하나님은 우리 주 예수를 지극히 높이셨다. 이것이 그리스도께서 하나님 아버지의 기쁨의 대상, 천사들의 경배 대상, 구속받은 모든 성도의 사랑과 믿음의 대상이 되게 한 십자가의 정신이다. 주님의 자기를 낮추심, 죽기까지 하나님의 뜻에 순종하심, 십자가에 매달려 죽기까지 자기를 희생하심은 예수 그리스도가 사도 요한이 환상 중에 본 하나님의 어린 양이심을 증명한다.

> "내가 또 보니 보좌와 네 생물과 장로들 사이에 한 어린 양이 서 있는데 일찍이 죽임을 당한 것 같더라"(계 5:6).

성령은 심히 번민하셨지만 우리를 구원하기 위하여 결국 자신을 온전히 하나님께 드린 예수님의 겸손하신 성품을 우리에게 계시하신다.

십자가의 교제는 우리의 신성한 의무일 뿐 아니라
성령께서 주님의 약속대로 우리에게 허락하신 특권이다.

26. 우리가 보여야 할 십자가의 정신

우리를 위하여 십자가에 못 박히신 그리스도께서는 우리도 십자가의 정신을 발휘하기를 원하신다. 십자가의 정신은 주님의 복이자 영광이셨다. 이 점은 우리에게 있어서도 마찬가지이다. 그리스도께서는 우리가 주님을 닮길 원하시며 우리에게 자신의 모든 것을 주고 싶어하신다.

사도 바울은 이같이 말하였다.

"너희 안에 이 마음을 품으라 곧 그리스도 예수의 마음이니" (빌 2:5).

"우리가 그리스도의 마음을 가졌느니라"(고전 2:16).

그리고 바울은 또 우리에게 이렇게 권면하였다.

"너희는 이 세대를 본받지 말고 오직 마음을 새롭게 함으로 변화를 받아 하나님의 선하시고 기뻐하시고 온전하신 뜻이 무엇인지 분별하도록 하라"(롬 12:2).

십자가의 교제는 우리의 신성한 의무일 뿐 아니라 성령께서 주님의 약속대로 우리에게 허락하신 특권이다.

"이제부터는 너희를 종이라 하지 아니하리니 종은 주인이 하는 것을 알지 못함이라 너희를 친구라 하였노니 내가 내 아버지께 들은 것을 다 너희에게 알게 하였음이라"(요 15:15).

"내가 아버지께로부터 너희에게 보낼 보혜사 곧 아버지께로부터 나오시는 진리의 성령이 오실 때에 그가 나를 증언하실 것이요 너희도 처음부터 나와 함께 있었으므로 증언하느니라"(요 15:26-27).

그리스도를 통해 십자가의 정신을 구현하신 성령께서는, 우리 역시 순종하면 우리에게서도 십자가의 정신을 구현하실 것이다.

예수님이 제자들에게 그들의 사고방식을 버리고, 십자가를 지고 주님을 따라야 한다고 말씀하셨을 때 그들은 그 말씀의 의미를 제대로 이해하지 못하였다. 그러나 제자들을 깨우쳐 주고 싶어하신 예수님은 자신이 십자가를 지고 가시는 모습을 그들에게 보여 주기로 하셨다. 예수님이 요단강에서 세례를 받음으로 자신을 죄인들과 동일시한 것은 마음속으로 이미 자기 십자가를 지셨음을 뜻한다. 즉 이는 주님이 인간의 죄 때문에 자신에게 죽음이 선고되었으며, 자신이 대속 죽음을 당해야 함을 항상 의식하고 계셨음을 의미한다. 예수님께서 하신 말씀의 의미를 곰곰이 헤아리던 제자들에게 그 뜻을 이해하는 데 도움이 된 한 가지 사실이 있었다. 그 당시, 십자가 처형을 선고받은 죄수는 자기 십자가를 형장까지 직접 지고 가는 것이 불문율이었다.

예수님은 제자들에게 "자기 십자가를 지고 나를 좇으라"고 명하신 데 이어 이같이 말씀하셨다.

"자기 목숨을 얻는 자는 잃을 것이요 나를 위하여 자기 목숨을 잃는 자는 얻으리라"(마 10:39).

주님은 그들이 그리스도 안에 있는 각자의 생명과 비교하였을 때 현재의 자기 목숨을 하찮은 것으로 여겨야 한다고 가르치셨다. 그들의 본성은 악하므로 결국 사망에 이를 뿐이었다. 제자들은 자기 십자가를 져야 한다는 의미를 점차 이해하기 시작하였다. 그 의미는 바로 이런 것이었다. "저는 양심의 판결, 즉 죽음의 선고를 받았습니다. 저는 제 육신과 악한 본성을 끊임없이 죽음에 내어주어야 합니다."

"무리와 제자들을 불러 이르시되 누구든지 나를 따라오려거든 자기를 부인하고 자기 십자가를 지고 나를 따를 것이니라"(막 8:34).

제자들은 어렴풋이나마 그리스도께서 지신 십자가가 그

들을 죄에서 해방시키는 능력이며, 그들은 주님의 십자가의 참 정신을 계승해야 함을 깨닫게 되었다. 그들은 주님에게서 자신을 지극히 낮추는 겸손이 어떤 것인지를 배웠을 것이다. 그리고 하나님께 대한 순종은 작은 일이든 큰 일이든 모든 일에 있어 자기 뜻을 십자가에 못 박는 것이며, 자기를 부인하는 것은 육신이나 세상을 기쁘게 하려는 것이 아님을 이해하였을 것이다.

십자가라는 방패와 피난처와 구원 아래에 거할 때만이
부활의 능력으로 우리와 늘 함께하시는 그리스도를 체험할 수 있다.

27. 그리스도와 함께 십자가에 못 박힌 우리

예수님이 제자들에게 깨우쳐 주고 싶어하신 자기 십자가를 지고, 주님을 위하여 자기 목숨을 잃으면 얻으리라는 말씀의 교훈은 그리스도께서 십자가에 달려 죽은 후 지극히 높아지셨으며 성령께서 임하셨다고 하는 바울의 말에 잘 나타나 있다.

"내가 그리스도와 함께 십자가에 못 박혔나니 그런즉 이제는 내가 사는 것이 아니요 오직 내 안에 그리스도께서 사시는 것이라 이제 내가 육체 가운데 사는 것은 나를 사랑하사 나를 위하여 자기 자신을 버리신 하나님의 아들을 믿는 믿음 안에서 사는 것이라"(갈 2:20).

"그러나 내게는 우리 주 예수 그리스도의 십자가 외에 결코 자랑할 것이 없으니 그리스도로 말미암아 세상이 나를 대하여 십자가에 못 박히고 내가 또한 세상을 대하여 그러하니라"(갈 6:14).

바울은 모든 성도가 그리스도와 함께 십자가에 못 박힌 자들에게 주어지는 삶을 살기를 원하였다. 그는 우리 각자의 마음속에 거하시는 그리스도께서는 십자가에 못 박히신 분이며, 우리에게 십자가의 참 정신을 나누어 주시는 분임을 이해하길 바랐다. 바울은 우리에게 이같이 말한다.

"우리가 알거니와 우리의 옛 사람이 예수와 함께 십자가에 못 박힌 것은 죄의 몸이 죽어 다시는 우리가 죄에게 종 노릇 하지 아니하려 함이니 이는 죽은 자가 죄에서 벗어나 의롭다 하심을 얻었음이라"(롬 6:6-7).

성도들이 십자가에 못 박히신 그리스도를 믿음으로 받아들일 때, 그들은 자신의 옛사람을 그리스도와 함께 십자가에 못 박음으로 죄의 몸을 멸한다. 바울은 이렇게 말하였다.

"만일 우리가 그의 죽으심과 같은 모양으로 연합한 자가 되었으면 또한 그의 부활과 같은 모양으로 연합한 자도 되리라" (롬 6:5).

그러므로 우리는 자신을 예수 그리스도 안에서 죄에 대하여 죽은 자로 여겨야 한다.

성령께서 바울을 통해 우리에게 하신 말씀은 우리가 십자가의 교제를 지속하여야 하며, 십자가에 못 박히셨으나 지금은 살아 계신 주 예수와 연합해야 함을 가르쳐준다. 십자가라는 방패와 피난처와 구원 아래에 거할 때만이 부활의 능력으로 우리와 늘 함께하시는 그리스도를 체험할 수 있다.

십자가의 구속에 구원의 소망을 걸면서도 십자가의 교제에 대해 무지한 사람들이 많다. 그들은 십자가가 그들을 위하여 값 주고 산 것, 즉 죄 사함과 하나님과의 화평을 의지하지만 주님과 교제하지 않고서 새 생명을 영위하려고 한다. 이것이 그들의 비극이다. 오늘날 십자가에 못 박혔다가 하나님의 보좌에 계신 주님과 날마다 교제하는 기쁨을 알지 못하는 사람들이 너무나 많다.

"내가 또 보니 보좌와 네 생물과 장로들 사이에 한 어린 양이 서 있는데 일찍이 죽임을 당한 것 같더라"(계 5:6).

우리가 정말로 그리스도의 정신을 본받아 이 땅에 사는 동안 매일 주님의 현존을 체험한다면 얼마나 멋지겠는가! 당신은 "과연 그런 일이 가능한가요?"라고 물을 것이다. 그런 삶이 가능하다는 것은 의심할 여지가 없다. 우리가 이 세상에서 영화로우신 예수님의 현존을 체험할 수 없다면 하나님이 왜 우리에게 성령을 보내 주셨겠는가?

하나님은 사랑할 사람이 단 한 명밖에 없는 것처럼
우리 각자를 사랑하신다.
― 아우구스티누스

주님의 제자들은 십자가의 교제를 체험하고 기뻐하였을 때
새로이 성령을 받았다. 성령과 십자가의 연합은 확고 불변하며
불가분의 관계이다.

28. 성령과 십자가

성령은 항상 우리를 십자가로 인도하신다. 이는 그리스도에게 있어서도 마찬가지였다. 성령은 주님이 하나님의 뜻을 거스르지 않도록 하셨으며 그분이 자신을 온전히 하나님께 드리도록 힘주셨다.

이 점은 예수님의 제자들에게도 마찬가지였다. 성령은 예수님의 제자들에게 충만히 임하여 그들로 하여금 그리스도를 십자가에 못 박히신 분으로 선포하게 하셨다. 그 후 성령은 그들이 그리스도를 위하여 고난받는 것이 유익하다고 생각하게 함으로 영광스럽게 십자가의 교제를 누리도록 하셨다.

십자가는 제자들을 다시금 성령께 인도한다. 그리스도께서는 십자가에 달리셨을 때 하나님이 주시는 성령을 받으셨다. 사도행전에 나오는 삼천 명의 개종자들은 십자가에 못 박히신 주님을 믿었을 때 성령에 대한 약속을 받았다. 주님의 제자들은 십자가의 교제를 체험하고 기뻐하였을 때 새로이 성령을 받았다. 성령과 십자가의 연합은 확고 불변하며 불가분의 관계이다. 우리는 바울 서신에서 이 사실을 명확히 알 수 있다.

"어리석도다 갈라디아 사람들아 예수 그리스도께서 십자가에 못 박히신 것이 너희 눈 앞에 밝히 보이거늘 누가 너희를 꾀더냐 내가 너희에게서 다만 이것을 알려 하노니 너희가 성령을 받은 것이 율법의 행위로냐 혹은 듣고 믿음으로냐"
(갈 3:1-2).

"그리스도께서 우리를 위하여 저주를 받은 바 되사 율법의 저주에서 우리를 속량하셨으니 기록된 바 나무에 달린 자마다 저주 아래에 있는 자라 하였음이라 이는 그리스도 예수 안에서 아브라함의 복이 이방인에게 미치게 하고 또 우리로 하여금 믿음으로 말미암아 성령의 약속을 받게 하려 함이라"(갈 3:13-14).

"때가 차매 하나님이 그 아들을 보내사 여자에게서 나게 하시고 율법 아래에 나게 하신 것은 율법 아래에 있는 자들을 속량하시고 우리로 아들의 명분을 얻게 하려 하심이라 너희가 아들이므로 하나님이 그 아들의 영을 우리 마음 가운데 보내사 아빠 아버지라 부르게 하셨느니라"(갈 4:4-6).

"그리스도 예수의 사람들은 육체와 함께 그 정욕과 탐심을 십자가에 못 박았느니라 만일 우리가 성령으로 살면 또한 성령으로 행할지니"(갈 5:24-25).

"그러므로 내 형제들아 너희도 그리스도의 몸으로 말미암아 율법에 대하여 죽임을 당하였으니 이는 다른 이 곧 죽은 자 가운데서 살아나신 이에게 가서 우리가 하나님을 위하여 열매를 맺게 하려 함이라 우리가 육신에 있을 때에는 율법으로 말미암는 죄의 정욕이 우리 지체 중에 역사하여 우리로 사망을 위하여 열매를 맺게 하였더니 이제는 우리가 얽매였던 것에 대하여 죽었으므로 율법에서 벗어났으니 이러므로 우리가 영의 새로운 것으로 섬길 것이요 율법 조문의 묵은 것으로 아니할지니라"(롬 7:4-6).

"이는 그리스도 예수 안에 있는 생명의 성령의 법이 죄와 사망의 법에서 너를 해방하였음이라 율법이 육신으로 말미암아 연약하여 할 수 없는 그것을 하나님은 하시나니 곧 죄로 말미암아 자기 아들을 죄 있는 육신의 모양으로 보내어 육신에 죄를 정하사 육신을 따르지 않고 그 영을 따라 행하는 우리에게 율법의 요구가 이루어지게 하려 하심이니라"(롬 8:2-4).

"내가 또 보니 보좌와 네 생물과 장로들 사이에 한 어린 양이 서 있는데 일찍이 죽임을 당한 것 같더라 그에게 일곱 뿔과 일곱 눈이 있으니 이 눈들은 온 땅에 보내심을 받은 하나님의 일곱 영이더라"(계 5:6).

"또 그가 수정 같이 맑은 생명수의 강을 내게 보이니 하나님과 및 어린 양의 보좌로부터 나와서"(계 22:1).

모세가 지팡이로 반석을 쳐 물이 흘러나왔을 때, 이스라엘 백성은 그 물을 마시고 소생하였다. 반석이신 그리스도께서 십자가에 달리며 죽임당한 어린 양으로서 하나님의 보좌에 앉으셨을 때, 보좌 아래에서부터 온 세상을 위한 성령의 충만함이 흘러나왔다.

우리가 십자가의 능력에 자신을 온전히 굴복시키지 않고 성령 충만을 간구하는 것은 얼마나 어리석은가! 오순절의 백이십 명의 제자들을 기억하라. 그리스도의 십자가에 못 박히심이 그들의 심령을 건드렸으며, 그들의 심령을 깨뜨렸고, 그들의 심령을 완전히 사로잡았다. 그들은 그리스도께서 십자가에 못 박히신 사실 외에는 일절 아무것도 말하거나 생각하지 못했으며, 주님은 그들에게 십자가에 못 박힌 자기 손과 발을 보여 주시면서 "성령을 받아라"고 말씀하셨다. 십자가에 못 박혔다가 하나님의 보좌에 계시는 주님만을 생각한 그들은 성령 충만을 받았다. 그들이 나가서 "회개하고 십자가에 못 박히신 예수 그리스도를 믿어라"고 전도하였을 때 회개하고 주님을 믿은 사람들 역시 성령을 받았다.

그리스도께서는 하나님 아버지의 뜻에 순종하여 자신을 온전히 십자가에 내놓으셨다. 그것만이 잃어버린 자들을 구속할 수 있는 유일한 길이었다. 성령께서는 주님에게 자기희생과 죽음을 감내할 마음을 주셨다. 성령께서는 똑같은 마음을 예수님의 제자들에게 주셨으며 오늘날 주를 믿고 따르는 우리 모두에게도 주신다. 십자가는 우리의 삶 전체를 요구한다. 이 요구에 부응하려면 의지적인 행동이 필요한데 우리의 힘으로는 할 수 없다. 그러나 우리를 받으려고 기다리고 계시는 주님께 전적으로 순종하면 우리는 자신의 힘으로 할 수 없는 일을 능히 할 수 있게 될 것이다.

하나님은 그분의 영광을 위해 싸우는 자들을 언제나 기꺼이 도우신다.

― 토마스 아 켐피스

십자가의 능력은 우리가 매일 주님과 교제하기 원하며
그분에게 모든 것을 받고 싶어하면, 주님이 우리에게 주시는 것이다.

29. 세상을 이기는 십자가의 능력

 십자가와 육신은 서로 타협할 수 없는 원수이다. 십자가는 육신에게 사망을 선고하고 육신을 멸망케 한다. 육신은 십자가를 제거하며 정복하고 싶어한다. 성령 충만함을 받으려면 십자가가 필요하다는 얘기를 들은 성도들 가운데 아직 자신의 육신이 십자가에 못 박히지 않았음을 깨닫는 사람들이 많을 것이다. 우리는 사망 선고를 받은 자신의 악한 본성이 십자가로 말미암아 죽어야만 그리스도 안에 있는 새 생명이 우리를 주장하게 됨을 알고 있다. 인간의 본성은 타락하였으며 타락한 본성이 하나님과 원수라는 사실을 아는 우리는 악한 본성을 떨쳐 버리고 싶을 것이다. 우리는 바울처럼 이렇게 고백하여야 한다.

"내 속 곧 내 육신에 선한 것이 거하지 아니하는 줄을 아노니 원함은 내게 있으나 선을 행하는 것은 없노라"(롬 7:18).

"육신의 생각은 하나님과 원수가 되나니 이는 하나님의 법에 굴복하지 아니할 뿐 아니라 할 수도 없음이라"(롬 8:7).

육신의 본질은 하나님과 그분의 거룩한 법을 미워하는 것이다. 구속(救贖)의 신비는 예수님이 십자가에서 하나님의 심판과 저주를 육신에 선고하셨으며 정죄받은 육신을 십자가에 영원히 못 박으신 것이다. 그러므로 누구든지 육신의 생각에 대한 하나님의 말씀을 믿고 육신의 생각에서 벗어나기를 원하기만 하면 원수의 세력에서 자신을 구원하는 십자가를 사랑하게 될 것이다. 우리 옛사람은 그리스도와 함께 십자가에 못 박혔으며, 이제 우리의 소망은 믿음으로 이 사실을 받아들이고 굳게 붙잡는 것이다.

"우리가 알거니와 우리의 옛 사람이 예수와 함께 십자가에 못 박힌 것은 죄의 몸이 죽어 다시는 우리가 죄에게 종 노릇 하지 아니하려 함이니"(롬 6:6).

육신은 하나님의 원수, 그리스도의 원수, 구원의 원수라고 날마다 선포할 것이다. 우리는 육신을 응당 십자가에 못 박아야 하는 것으로 간주할 것이다. 십자가는 그리스도께서 우리에게 허락하신 영원한 구속의 한 부분이다. 이것은 우리의 이해력으로 붙들거나 우리의 힘으로 성취할 수 있는 것이 아니다. 십자가의 능력은 우리가 매일 주님과 교제하기 원하며 그분에게 모든 것을 받고 싶어하면, 주님이 우리에게 주시는 것이다. 이것은 성령께서 우리를 가르치시며 우리가 체험하도록 나누어 주시는 것으로서 성령께서는 어떻게 십자가의 능력이 육신에 속한 모든 것을 이길 수 있는지 보여 주실 것이다.

자신의 조그마한 틀 안에 있는 것은 육신이며 인류라는 큰 틀 안에 있는 것이 세상이다. 육신과 세상은 둘 다 '이 세상 신'의 현현이다. 십자가가 육신을 저주받은 것으로 간주할 때 우리는 예수 그리스도와 하나님 아버지를 미워하는 세상의 악한 본성과 그 권세를 발견한다. 세상이 그리스도를 미워하여 십자가에 못 박은 사실이 명백한 증거이다. 그러나 그리스도께서는 십자가에서 승리하셨으며 우리를 세상 권세에서 해방시키셨다. 그러므로 이제 우리는 바울과 함께 담대히 외칠 수 있다.

"그러나 내게는 우리 주 예수 그리스도의 십자가 외에 결코 자랑할 것이 없으니 그리스도로 말미암아 세상이 나를 대하여 십자가에 못 박히고 내가 또한 세상을 대하여 그러하니라"(갈 6:14).

바울에게 있어 십자가는 그가 세상으로부터 받아야 했던 고난이었다. 그렇지만 그리스도께 계속적인 승리를 안겨 주었기 때문에, 날마다 거룩한 실체가 될 수 있었다. 사도 요한은 이같이 말하였다.

"또 아는 것은 우리는 하나님께 속하고 온 세상은 악한 자 안에 처한 것이며"(요일 5:19).

"예수께서 하나님의 아들이심을 믿는 자가 아니면 세상을 이기는 자가 누구냐 이는 물과 피로 임하신 이시니 곧 예수 그리스도시라 물로만 아니요 물과 피로 임하셨고 증언하는 이는 성령이시니 성령은 진리니라"(요일 5:5-6).

하나님은 이 세상 신의 두 세력에 맞서 우리에게 거룩한 능력인 십자가와 성령을 주셨다.

성령께서 당신에게 하늘의 비밀을 알려 주시도록
그분에게 당신의 시간을 내어 드려라.

30. 하늘의 비밀을 여는 열쇠, 십자가

성령께서 주장하셔서 기쁜 마음으로 주님을 증거할 수 있는 사람들이 그리 많지 않은 이유에 대해 의문을 품어 본 적이 있는가? 이보다 더 시급하게 물어보아야 할 자기반성적인 질문이 있다. 우리가 주님의 증인이 되지 못하도록 방해하는 것은 무엇인가 하는 물음이다. 하나님 아버지는 육신의 아버지가 자기 자녀에게 떡을 주고 싶어하는 것보다 더 많은 것을 주고 싶어하시지만 그렇지 못하여 이렇게 탄식하신다. "성령이 제한하거나 방해하고 있는가? 이것이 성령의 사역인가?"

이처럼 하나님이 탄식하실 수밖에 없는 까닭이 교회가 육신과 세상의 지배를 받고 있기 때문이라고 생각하는 사람들이 있다. 그들은 심령을 변화시키는 그리스도의 십자가의 능력에 대해 잘 모르고 있기 때문에 성령께서 그들에게 자신의 충만함을 부어 주시지 못하는 것이다.

많은 사람들이 이 주제는 너무 심오하며 어렵다고 불평한다. 우리가 그리스도와 사도 바울의 십자가에 대한 가르침을 이해하고 실천하지 못하는 까닭은 바로 이 때문이다. 그러나 당신에게 기쁜 소식을 전하겠다. 당신 안에 거하시는 성령께서는 당신이 주님의 가르침을 이해하도록 하며, 당신을 십자가로 인도하고, 십자가에 못 박히신 그리스도께서 당신이 해야 할 일이 무엇인지를 깨닫게 하려고 기다리고 계신다.

성령께서 당신에게 하늘의 비밀을 알려 주시도록 그분에게 당신의 시간을 내어 드려라. 그리하면 성령께서는 당신이 기도를 무시한 탓에 그리스도와 교제하지 못하고 있음을 깨우쳐 주실 것이다. 그리고 당신에게 십자가와 성령의 권능의 역사를 계시해 주실 것이다. 성령은 당신에게 자기를 부인하고, 날마다 자기 십자가를 지고 주님을 따르기 위하여 자기 목숨을 버리는 것이 무엇을 의미하는지 가르쳐 주실 것이다.

당신이 자신의 무지, 영적 통찰력의 부족, 십자가의 교제가 없음에 대해 시인하더라도 성령께서는 실망하시지 않고 당신에게 기꺼이 영적인 삶의 비결을 가르쳐 주실 것이다. 처음부터 시작하라. 골방에 들어가 은밀한 중에 계신 하나님께 기도하라. 거기서 당신을 만나 주시는 하나님을 믿고 의지할 수 있음에 대해 감사하라. 모든 것이 절망적으로 보일지라도 당신을 사랑하시는 주님 앞에 조용히 무릎 꿇어라. 당신에게 성령을 주신 하나님 아버지께 감사하라. 그리스도의 영 곧 성령께서 당신이 아직 잘 모르는 육신, 세상, 십자가에 대해 자세히 알게 해 주실 줄 확신하라. 이 모든 복이 당신 것임을 믿기만 하라. 당신과 함께하시는 그리스도께서는 성령을 통하여 당신을 온전히 주장하길 원하신다. 그러나 그렇게 되려면 시간과 믿음이 필요하다. 매일 기도하는 가운데 주님께 당신의 시간을 내어 드려라. 그러면 주님이 당신에게 자신의 약속을 이행하시리라고 확신할 수 있다.

우리는 서로 사랑하며 섬겨야 할 하나님의 자녀이다.

"빛 가운데 있다 하면서 그 형제를 미워하는 자는 지금까지 어둠에 있는 자요 그의 형제를 사랑하는 자는 빛 가운데 거하여 자기 속에 거리낌이 없으나 그의 형제를 미워하는 자는 어둠에 있고 또 어둠에 행하며 갈 곳을 알지 못하나니 이는 그 어둠이 그의 눈을 멀게 하였음이라 자녀들아 내가 너희에게 쓰는 것은 너희 죄가 그의 이름으로 말미암아 사함을 받았음이요 아비들아 내가 너희에게 쓰는 것은 너희가 태초부터 계신 이를 알았음이요 청년들아 내가 너희에게 쓰는 것은 너희가 악한 자를 이기었음이라 아이들아 내가 너희에게 쓴 것은 너희가 아버지를 알았음이요 아비들아 내가 너희에게 쓴 것은 너희가 태초부터 계신 이를 알았음이요 청년들아 내가 너희에게 쓴 것은 너희가 강하고 하나님의 말씀이 너희 안에 거하시며 너희가 흉악한 자를 이기었음이라 이 세상이나 세상에 있는 것들을 사랑하지 말라 누구든지 세상을 사랑하면 아버지의 사랑이 그 안에 있지 아니하니"(요일 2:9-15).

자신을 위해서뿐만 아니라 회중, 교회, 사역자, 모든 성도, 하나님의 온 교회를 위해 쉬지 말고 기도하라. 하나님이 그들을 성령의 권능으로 강건하게 하시어 그리스도께서 믿음으로 말미암아 그들의 심령에 거하시도록 기도하라. 기도 응답을 받는 때는 얼마나 복된 시간인가! 다시 한번 말하지만 쉬지 말고 기도하라. 성령께서 그리스도, 주님의 십자가, 일찍 죽임당하셨다가 하나님의 보좌에 계시는 어린 양(계 5:6)을 계시하시며 주님을 영화롭게 하실 것이다.

우리가 십자가의 그늘 아래에 거할 때 비로소 전능자의
그늘 아래에 거하게 된다. 십자가는 우리가 거하는 처소이다.

31. 예수님의 십자가

우리의 머리 되시는 그리스도께서는 스스로 십자가라는 가장 낮은 자리에 처하심으로 주의 자녀인 우리를 위하여 가장 낮은 자리를 마련하셨다. '하나님의 영광의 광채'(히 1:3)가 '고난당하는 사람'(사 53:4)이 되신 것이다. 그때부터 우리가 차지해야 할 바른 자리는 말석이다. 우리가 말석이 아닌 다른 자리를 요구한다면 아직 십자가에 대해 제대로 이해하지 못한 셈이다.

우리가 추구하는 영광스러운 삶은 주님과 십자가의 교제에 몰두하면 발견하게 될 것이다. 하나님은 십자가에 못 박히신 주님에게 보좌를 허락하셨다(계 5장). 우리도 주님에게 보좌를 내어 드려야 하지 않겠는가? 우리가 매 순간 순간마다 자신을 '그리스도와 함께 십자가에 못 박힌 자'(갈 2:19-20)로 간주하는 것이 곧 주님에게 보좌를 내어 드리는 것이다. 우리는 우리를 위하여 고난당하신 주님을 이렇게 경외하여야 한다.

우리는 완전한 승리를 바라는데 우리가 십자가의 교제에 전념할 때 바로 승리를 얻게 될 것이다. 하나님의 어린 양이신 주님은 십자가에 손발이 못 박힘으로 결정적인 승리를 거두셨다. 우리가 십자가의 그늘 아래에 거할 때 비로소 전능자의 그늘 아래에 거하게 된다. 십자가는 우리가 거하는 처소이다. 우리가 피신하며 보호받을 수 있는 곳은 그곳뿐이다. 우리는 주님의 십자가를 이해할 때 자신의 십자가를 이해하게 된다. 우리는 십자가를 바라볼 뿐만 아니라 환영하며, 부여잡고, 자기 것으로 삼을 만큼 십자가를 가까이하고 싶어할 것이다. 그때 십자가는 우리에게 자신을 드러내고, 우리는 주님의 권능, 곧 즐거이 십자가를 지게 하시는 주님의 능력을 체험하게 된다.

예수님이 십자가 없이 무슨 일을 하실 수 있었겠는가?

십자가에 못 박힌 주님의 발은 원수의 머리를 상하게 하였으며, 십자가에 못 박힌 주님의 손은 마귀의 전술을 타파하였다(마 12:29). 우리 역시 십자가 없이 무슨 일을 할 수 있겠는가? 십자가를 내팽개치지 말고 꼭 붙잡아라. 주님이 걸어가신 길 외의 다른 길을 갈 수 있다고 생각하는가? 우리는 자신을 부인하고 겸손히 십자가를 지기 전에는 한 발자국도 앞으로 나아가지 못할 것이다.

에필로그

본서를 마무리하면서 마지막으로 하고 싶은 말이 있다. 이 책을 읽은 독자가 그저 저자의 뜻을 이해하고 새로운 깨달음을 얻어 기뻐하는 것만으로는 충분하지 않다. 왜냐하면 보다 중요한 것이 있기 때문이다. 당신은 하나님의 뜻에 관해 배운 모든 것을 오직 한마음으로 즉시 이행하기 위해 진리에 전념해야 한다. 하나님과의 친밀한 교제를 지속하기 위해 우리는 먼저 하나님의 말씀과 그분의 뜻에 순종해야 한다. 우리의 지식만으로 완전한 삶을 영위할 수는 없다. 사탄은 크리스천의 기도 시간을 자기 마음대로 주장하려고 안간힘을 쓰고 있다. 왜냐하면 기도를 게을리하는 크리스천은 자신의 왕국에 별다른 타격을 입히지 못함을 사탄은 이미 잘 알고 있기 때문이다. 기도하지 않는 사람은 잃어버린 영혼을 주님께 인도하거나 하나님의 자녀들을 바로 세우는 영적 능력을 발휘하지 못한다. 우리는 사탄이 빼앗아 간 우리의 영적 무기인 기도를 되찾기 위해 힘껏 노력해야 한다. 우리는 이 싸움의 중요성을 깨달아야 한다.

우리는 오늘날 많은 교회가 기도의 힘을 무시하고 있다는 사실을 시인하여야 한다. 각종 집회와 여러 모임이 있지만, 신자들을 성화시키는 것은 생각보다 그리 쉬운 일이 아니다. 왜냐하면 그들에게는 아직 믿음의 힘이 생동하고 있지 않기 때문이다. 우리의 옛사람을 부추기는 사탄을 예수 그리스도의 이름으로 정복하려면 부단한 노력과 희생이 필요하다. 교회는 마치 성도들이 기도의 용사가 되지 못하도록 방해하기 위해 사탄이 자신의 세력을 총동원하는 전쟁터와 같다. 그러므로 우리는 회중, 하나님 나라, 개인을 위하여 더욱 기도에 의지하여야 한다.

나는 영적 싸움을 싸워야 할 성도들을 격려하기 위하여 두렵고 떨리는 마음으로 기도하는 가운데 이 글을 쓰고 있다. 나는 내 자신이 별 볼 일 없는 존재임을 알기 때문에 더욱더 기도하는 일에 매달릴 수밖에 없었다. 기도의 골방은 내가 거룩해지고 하나님과 진실한 교제를 나눌 수 있는 유일한 처소이다. 나는 많은 사람들이 이 책을 자신의 기도 처소에 비치해 두고 즐겨 읽음으로 그들이 하나님의 뜻을 깨달을 때 즉시 순종할 수 있게 해달라고 기도한다. 전쟁의 승패는 병사들이 상관의 명령, 심지어 목숨을 요구하는 명령이라 할지라도 그것에 복종하느냐의 여부와 직결된다. 우리는 사탄의 간계에 맞서 싸울 때 다음과 같이 외칠 자세가 되어 있지 않는 한 승리할 수 없다. "하나님, 저는 하나님이 무슨 말씀을 하시든지 즉시 듣고, 그대로 행하겠습니다."

하나님께서 본서를 통하여 사탄과 기도의 싸움을 싸우고 있는 모든 사람들을 격려하며, 그들이 하나님께 영광 돌리는 삶을 살 수 있도록 중보 기도하는 은혜를 베풀어 주시리라 믿어 의심치 않는다.

기도는 우리 인간이 도달할 수 있는 가장 거룩하고 고귀한 일이다.

— 앤드류 머레이

앤드류 머레이의
하늘문을 여는 기도

지은이	ǀ 앤드류 머레이
옮긴이	ǀ 임종원

초판 1쇄	ǀ 2003년 7월 25일
개정판 1쇄	ǀ 2008년 9월 12일
개정 2판 1쇄	ǀ 2012년 1월 31일
개정 3판 1쇄	ǀ 2023년 5월 16일

발행인	ǀ 김경섭
국제총무	ǀ 최복순
총무	ǀ 김현욱
협동총무	ǀ 김상현
편집부	ǀ 고유영(편집실장), 김성경
인쇄	ǀ 영진문원

발행처	ǀ 묵상하는사람들
등록번호	ǀ 20-333
일부총판	ǀ 생명의말씀사 Tel. (02) 3159-7979 Fax. 080-022-8585

주소	ǀ 서울특별시 서초구 청룡마을길 8-1(신원동) (우) 06802		
전화	ǀ (02) 588-2218	팩스	ǀ (02) 588-2268
홈페이지	ǀ www.precept.or.kr		

국민은행 431401-04-058116(프리셉트선교회)
2003, 2008, 2012, 2023 ⓒ 묵상하는사람들

값 12,000원
ISBN 978-89-8475-833-9 03230

독자 여러분의 의견을 기다립니다.
독자 전화 (02) 588-2218 / pmbook77@naver.com